독자의 1초를
아껴주는 정성을
만나보세요!

세상이 아무리 바쁘게 돌아가더라도 책까지 아무렇게나 빨리 만들 수는 없습니다.
인스턴트 식품 같은 책보다 오래 익힌 술이나 장맛이 밴 책을 만들고 싶습니다.
땀 흘리며 일하는 당신을 위해 한 권 한 권 마음을 다해 만들겠습니다.
마지막 페이지에서 만날 새로운 당신을 위해 더 나은 길을 준비하겠습니다.

길벗 IT 도서 열람 서비스

도서 일부 또는 전체 콘텐츠를 확인하고 읽어볼 수 있습니다.
길벗만의 차별화된 독자 서비스를 만나보세요.

더북(TheBook) ▶ https://thebook.io

더북은 (주)도서출판 길벗에서 제공하는 IT 도서 열람 서비스입니다.

나만의 MCP 서버 만들기 with 커서 AI

현직 AI Specialist에게 배우는 MCP! Cursor AI, Claude Desktop으로 MCP의 기본을 경험한다

초판 발행 · 2025년 7월 30일

지은이 · 서지영
발행인 · 이종원
발행처 · (주)도서출판 길벗
출판사 등록일 · 1990년 12월 24일
주소 · 서울시 마포구 월드컵로 10길 56(서교동)
대표 전화 · 02)332-0931 | **팩스** · 02)323-0586
홈페이지 · www.gilbut.co.kr | **이메일** · gilbut@gilbut.co.kr

기획 및 책임 편집 · 이원휘(wh@gilbut.co.kr) | **편집** · 이원휘 | **표지 · 본문 디자인** · 박상희 | **제작** · 이준호, 손일순, 이진혁
마케팅 · 임태호, 전선하, 박민영, 서현정, 박성용 | **유통혁신** · 한준희 | **영업관리** · 김명자 | **독자지원** · 윤정아

교정교열 · 강민철 | **전산편집** · 박진희 | **출력 · 인쇄 · 제본** · 예림인쇄

▶ 이 책은 저작권법의 보호를 받는 저작물로 이 책에 실린 모든 내용, 디자인, 이미지, 편집 구성은 허락 없이 복제하거나 다른 매체에 옮겨 실을 수 없습니다.
▶ 인공지능(AI) 기술 또는 시스템을 훈련하기 위해 이 책의 전체 내용은 물론 일부 문장도 사용하는 것을 금지합니다.
▶ 잘못 만든 책은 구입한 서점에서 바꿔 드립니다.

ⓒ 서지영, 2025

ISBN 979-11-407-1506-0 93000
(길벗 도서번호 080473)

정가 24,000원

독자의 1초를 아껴주는 정성 길벗출판사

(주)도서출판 길벗 | IT교육서, IT단행본, 경제경영, 교양, 성인어학, 자녀교육, 취미실용 www.gilbut.co.kr
길벗스쿨 | 국어학습, 수학학습, 어린이교양, 주니어 어학학습, 학습단행본 www.gilbutschool.co.kr

페이스북 · www.facebook.com/gbitbook
예제소스 · https://github.com/gilbutITbook/080473

나만의 MCP 서버 만들기 with 커서 AI

서지영 지음

길벗

지은이의 말

생성형 AI가 빠르게 확산되면서, 이제 우리는 단순한 콘텐츠 생성의 시대를 넘어 작업을 실행하는 AI, 즉 AI 에이전트의 시대로 진입하고 있습니다. 그런데 하나의 질문이 생깁니다.

"이 많은 AI 에이전트들을 어떻게 연결하고, 제어하고, 확장할 수 있을까?"

그 해답 중 하나가 바로 MCP(Model Context Protocol)입니다. 많은 사람들이 랭체인(LangChain)이나 오토젠(AutoGen) 같은 프레임워크에 관심을 갖지만, 실제로 이를 기반으로 여러 개의 도구를 연결하고, 순차적으로 실행하며, 상호작용하는 구조를 설계하는 일은 쉽지 않습니다. 특히 여러 에이전트나 도구를 한 시스템 안에서 동작시키려면, 각 도구 간의 통신 방식, 입력/출력 명세, 상태 관리 등 복잡한 요소에 신경 써야 합니다.

MCP는 이런 문제를 해결하기 위한 새로운 접근입니다. MCP는 LLM 기반 에이전트와 도구들을 연결할 수 있도록 설계된 프로토콜로, Claude Desktop, Cursor AI, Smithery AI 같은 다양한 플랫폼과 함께 사용할 수 있고, 서버-클라이언트 구조를 통해 모듈형 AI 시스템을 직접 구축할 수 있게 도와줍니다.

✓ 대상 독자

이 책은 다음과 같은 분들을 위해서 만들었습니다.

- MCP의 구조와 철학을 이해하고 싶은 분
- Claude Desktop, Cursor AI, Smithery AI 등에서 사용되는 MCP 서버-클라이언트 구조를 직접 구현해보고 싶은 개발자
- Claude Desktop, Cursor AI, Smithery AI 같은 도구에서 MCP 기반의 에이전트 구조를 이해하고 싶은 개발자

- 기존의 Function Calling 방식의 한계를 느끼고, 모듈형 에이전트 시스템 설계를 고민하는 분
- 다양한 도구와 LLM을 단일한 통신 방식으로 통합하고 싶은 기획자 및 엔지니어

✔ 무엇을 배울 수 있나요?

- AI 에이전트와 MCP의 차이점 및 필요성
- MCP의 배경이 되는 철학과 기본 구조(서버-클라이언트, 도구, 에이전트 등)의 이해
- Stdio, SSE 등 전송(Transport) 방식의 구조와 차이점
- Cursor AI, Claude Desktop, Smithery AI 등과 MCP를 연동하는 방식
- 파이썬 기반 MCP 서버-클라이언트를 구성하는 방법과 오류 없이 실행되는 최소 단위 코드 예제

AI 시스템을 직접 설계하고 싶은 개발자, MCP를 이해하고 다양한 에이전트를 연결해보고 싶은 분들께 이 책이 좋은 출발점이 되기를 바랍니다. 끝으로, 언제나 저를 응원해주시는 어머니 송금자 여사님께 감사드리며, 원고의 완성도를 높여주신 이원휘 차장님께도 깊은 감사의 마음을 전합니다.

2025년 이른 여름

서지영

이 책의 활용법

✔ 예제 파일 내려 받기

책에서 사용하는 예제 코드는 길벗출판사 웹사이트에서 도서명으로 검색하여 내려 받거나 다음 저장소에서 내려 받을 수 있습니다.

- 길벗출판사 웹사이트
  https://www.gilbut.co.kr
- 길벗출판사 깃허브
  https://github.com/gilbutITbook/080473

✔ 예제 파일 구조

각 장의 진행에 맞춰 주제별로 코드를 제공합니다. 디렉터리 이름은 영문으로 되어 있습니다. 실습에 필요한 PDF 파일, 엑셀 파일도 코드와 함께 제공합니다.

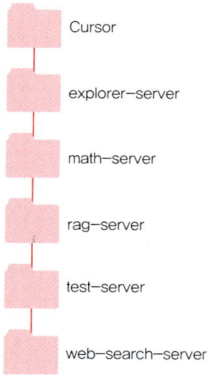

✔ 실습 시 주의사항

실습 시 다음 내용을 참고하기 바랍니다.

1. LLM 특성상 Cursor AI를 사용할 때마다 결과나 답변이 다르게 나타날 수 있습니다.
2. 운영체제 환경에 따라 환경 설정이 조금씩 다를 수 있습니다.
3. 실습 환경을 설치하고 준비할 때 개인 로그인 환경 및 컴퓨터 환경에 따라 화면이 다르게 나올 수 있습니다. 환경에 따라 설치 과정이 다를 수 있지만 전반적인 과정은 유사하니 본문을 참고하여 설치를 진행해주세요.
4. 실습을 위해 길벗 깃허브 저장소에서 내려 받은 폴더는 C:\Users\[사용자 이름](예 C:\Users\JYSEO)에 내려 받았다는 가정하에 진행합니다.
5. MCP 실습을 위한 파이썬 설치 경로는 C:\Python313으로 지정해주세요. 실습은 파이썬 경로가 C:\Python313이라는 가정하에 진행됩니다.
6. OpenAI의 LLM과 임베딩을 실습하려면 최소 $5 이상 결제하여 유료 계정으로 전환해야 합니다.
7. 이 책은 2025년 6월 기준으로 작성되었습니다. 사용한 모델, 유료 정책 등은 향후 달라질 수 있으며, 실습 시 주의 및 확인이 필요합니다.
8. Cursor AI와 Claude Desktop은 무료가 아니기 때문에 사용에 제약이 있을 수 있습니다. 사용에 대한 제약을 원하지 않는다면 유료 버전을 구매하면 됩니다.

목차

1부 | MCP 이해하기

1장　MCP 개념 이해하기　015

1.1 MCP가 무엇인가요?　016

1.2 LLM은 왜 도구가 필요한가요?　017

1.3 기존 방식의 문제점　018

1.4 MCP의 등장과 구조적 전환　024
　　1.4.1 MCP의 구조　025
　　1.4.2 MCP가 가져올 변화　028

2장　MCP 동작 방식 이해하기　031

2.1 MCP 아키텍처　032
　　2.1.1 MCP 클라이언트 플랫폼　037

2.2 MCP 동작 원리　040

2.3 MCP 통신 방식　042
　　2.3.1 Stdio 방식　042
　　2.3.2 SSE 방식　044

2.4 MCP 사용 방법　046
　　2.4.1 도구, 리소스, 프롬프트　046
　　2.4.2 클라이언트 등록 방법　049

2.5 MCP와 LLM　053

2.6 MCP의 기능적 한계　056

2.7 MCP의 보안 취약성　057

2부 | 실습 환경 준비하기

3장　API 키 획득하기　061

3.1 OpenAI API　062

3.2 Tavily API　067

3.3 Brave Search API　069

3.4 구글 지도 API　075

4장　클로드 데스크톱 준비하기　083

4.1 Node.js 설치하기　084

4.2 클로드 데스크톱 설치하기　089

5장　커서 준비하기　097

5.1 커서가 무엇인가요?　098
　　5.1.1 가격 정책　098

5.2 파이썬 설치하기　099

5.3 커서 설치하기　102

6장 커서 사용해보기 **113**

6.1 커서 이해하기 114
6.2 커서 시작하기 115
    6.2.1 화면 소개 115
    6.2.2 프로젝트 생성 및 파일 관리 117
6.3 커서 기능 알아보기 120

3부 | MCP 실습하기

7장 MCP 사용해보기 **135**

7.1 Function Calling과 MCP 서버 비교 136
7.2 통신 방식에 따른 MCP 서버 생성하기 150
    7.2.1 Stdio 방식 사용하기 151
    7.2.2 SSE 방식 사용하기 155

8장 커서에서 MCP 서버 만들고 연결하기 **169**

8.1 나만의 MCP 서버 생성하여 연결하기 170
    8.1.1 Math MCP 서버 생성하기 170
    8.1.2 RAG-Server: PDF 생성하기 178
    8.1.3 RAG-Server: Office 생성하기 189
    8.1.4 explorer-server(윈도우 탐색기) 생성하기 197
    8.1.5 web-search-server 생성하기 202

8.2 공개 MCP 서버 연결하기   213

    8.2.1 Sequential Thinking 연결하기   217
    8.2.2 웹 검색(Brave Search) 연결하기   223
    8.2.3 윈도우 탐색기 연결하기   227

9장 클로드 데스크톱에서 MCP 서버 만들고 연결하기   231

9.1 나만의 MCP 서버 등록하기   232

    9.1.1 윈도우 탐색기   232
    9.1.2 Math MCP 서버   241

9.2 공개 MCP 서버 연결하기   248

    9.2.1 웹 검색(Tavily) 연결하기   248
    9.2.2 구글 지도에 연결하기   254
    9.2.3 정리   261

찾아보기   262

1부

MCP 이해하기

1장	MCP 개념 이해하기
2장	MCP 동작 방식 이해하기

CHAPTER 1

MCP 개념 이해하기

SECTION 1	MCP가 무엇인가요?
SECTION 2	LLM은 왜 도구가 필요한가요?
SECTION 3	기존 방식의 문제점
SECTION 4	MCP의 등장과 구조적 전환

1.1 MCP가 무엇인가요?

먼저 MCP가 무엇인지 간단한 정의부터 알아보겠습니다.

MCP(Model Context Protocol)란 LLM이 외부의 다양한 도구(tool)와 구조화된 방식으로 상호작용할 수 있도록 설계된 **프로토콜**입니다.[1] 이를 통해 LLM은 계산기, 검색기, 데이터베이스 API 등과 같은 외부 기능을 도구 호출 형태로 사용할 수 있습니다.

MCP는 다양한 도구와 시스템을 하나로 연결해주는 '공통 언어' 또는 '범용 어댑터'처럼 작동합니다. 과거에는 AI가 외부 기능이나 데이터에 접근하기 위해 각 도구마다 별도의 연동 코드를 작성해야 했지만, MCP는 이러한 과정을 표준화하여 훨씬 더 단순하고 일관된 구조를 제공합니다.

도구가 MCP의 규격만 준수하면, Claude Desktop(이하, 클로드 데스크톱)이나 Cursor AI(이하, 커서) 같은 플랫폼에서도 최소한의 설정만으로 쉽게 연동해 사용할 수 있습니다. 즉, 개발자에게는 도구 재사용의 효율성을, 사용자에게는 일관된 사용 경험을 제공하는 구조입니다.

▼ 그림 1-1 단일 표준 USB-C에 비유한 MCP의 구조[2]

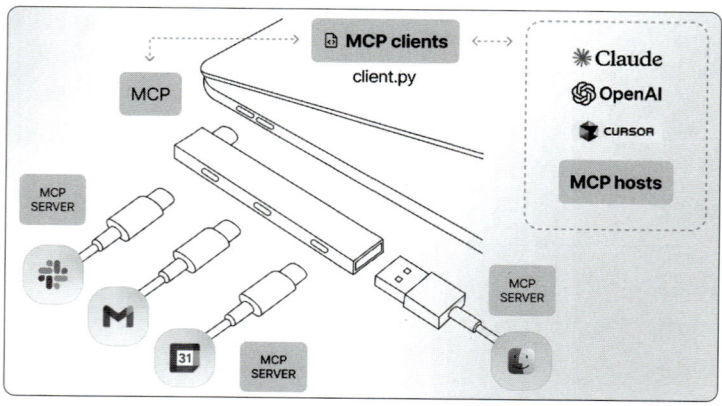

---

1 MCP는 2024년 말에 앤트로픽(Anthropic)에 의해 처음 제안되었고, Claude Desktop, Cursor AI, Smithery AI(이하, 스미더리) 등 AI 에이전트 기반 플랫폼에서 빠르게 채택되면서 핵심 기술로 주목받고 있습니다.
2 출처: MCP: The USB-C for AI Agents—Standardizing Context exchange(https://www.linkedin.com/pulse/mcp-usb-c-ai-agentsstandardizing-context-exchange-amr-salem-qgree)

MCP를 통해 LLM은 계산기, 파일 검색기, API 서버, 클라우드 서비스 등 다양한 외부 도구를 호출하고, 작업을 자동화하거나 결과를 받아올 수 있습니다. 마치 조수에게 명령을 내리듯, 자연어로 도구를 제어하고 응답을 받을 수 있는 구조입니다.

다음 절에서는 이러한 표준화가 왜 중요한지를 좀 더 구체적으로 살펴보겠습니다.

1.2 LLM은 왜 도구가 필요한가요?

LLM은 방대한 정보를 바탕으로 텍스트를 생성하는 데 매우 뛰어난 성능을 보이지만, 실제 업무에 적용하려고 하면 여러 한계에 부딪히게 됩니다. 예를 들어 '현재 서울의 날씨는?'이라는 질문에 대해 LLM은 과거의 데이터를 기반으로 추측은 할 수 있어도, 실시간 정보를 직접 조회할 수는 없습니다. 마찬가지로 주가, 환율, 뉴스, 혹은 각 기업의 사내 시스템의 데이터 등 시시각각 변하는 외부 정보를 다루는 일에는 제약이 있습니다.

이러한 문제를 해결하기 위해 등장한 것이 바로 외부 **도구**(tool)입니다.

▼ **그림 1-2** 도구 사용

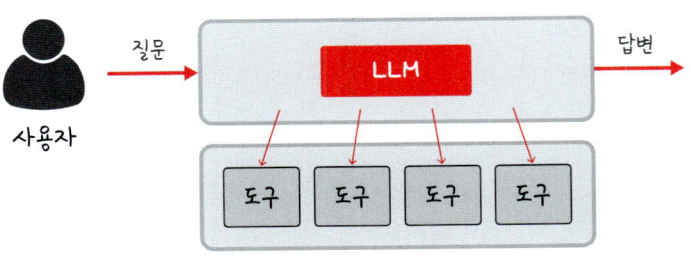

도구는 계산기, 웹 검색기, 코드 실행기, 파일 탐색기 등처럼 특정 기능을 수행하는 독립된 프로그램이나 API를 말합니다. LLM이 이러한 도구를 호출할 수 있도록 연결해주면 마치 사람처럼 정보를 수집하고 작업을 처리할 수 있게 됩니다.

최근에는 이러한 도구를 연결하여 LLM이 실제 행동까지 수행하도록 하는 **AI 에이전트** 기술이 주목받고 있습니다.

▼ **그림 1-3** AI 에이전트

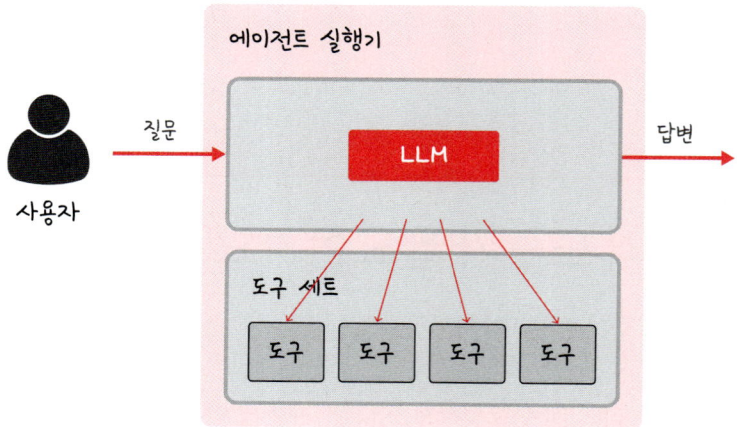

AI 에이전트는 사용자가 자연어로 의도를 전달하고, LLM은 적절한 도구를 골라 작업을 분해하고 실행하는 방식입니다. 그러나 여기서 문제가 발생합니다. 도구를 연결하는 구조는 생각보다 복잡하며, 특히 다양한 모델을 조합하거나 여러 개의 도구를 사용할수록 유지보수가 어려워지기 때문이죠.

이 문제에 대해 좀 더 자세히 알아볼까요?

1.3 기존 방식의 문제점

기존에도 LLM과 외부 도구를 연결하려는 시도로는 OpenAI의 Function Calling, 앤트로픽 클로드의 `tool_use` 메시지 구조, 랭체인의 에이전트 기반 방식 등 다양한 접근이 존재했습니다. 예를 들어, OpenAI는 LLM이 함수 이름과 파라미터를 생성하면 해당 함수를 호출해 결과를 반환하는 구조를 제공하고, 앤트로픽은 `"type"`: `"tool_use"`와 `"type"`:

"tool_result" 같은 명시적 메시지 타입으로 도구 호출 흐름을 구성합니다. 랭체인은 도구 정의와 이를 실행하는 에이전트를 조합해 유사한 기능을 구현합니다.

▼ **그림 1-4** 도구 호출

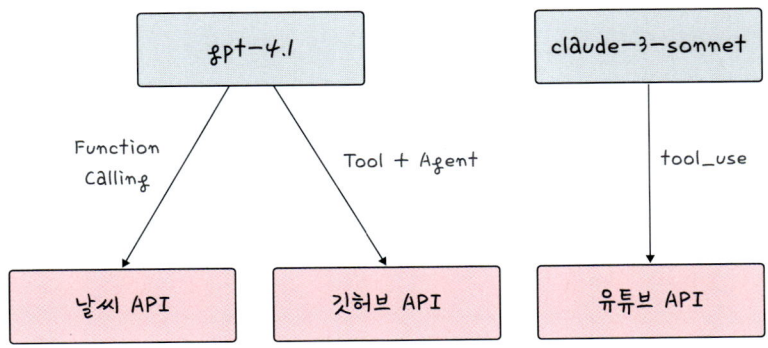

하지만 이들 방식이 서로 호환되지 않아, 동일한 도구라도 모델별로 입력 형식과 호출 방식이 달라 재사용이 어렵습니다. 멀티 LLM 환경에서는 연동 코드가 중복되고, 도구가 많아질수록 프롬프트에 각 도구의 사용법을 일일이 명시해야 합니다. 또한 함수의 입력값이나 반환값이 바뀔 경우, 관련 코드를 모두 수정해야 하는 번거로움이 뒤따릅니다.

이를 이해하기 위해 OpenAI의 Function Calling을 활용해 서울의 날씨를 묻는 간단한 예시를 살펴보겠습니다. 아직 실습 환경을 준비하지 않았으므로 눈으로만 봐주세요.

코드

```python
import os
from openai import OpenAI

# OpenAI API 키 입력
client = OpenAI(api_key="sk...")

# Function Calling 함수 정의
functions = [
    {
        "name": "get_current_weather",
        "description": "현재 날씨를 조회합니다",
        "parameters": {
            "type": "object",
```

```python
                "properties": {
                    "location": {
                        "type": "string",
                        "description": "날씨를 알고 싶은 도시 이름"
                    }
                },
                "required": ["location"]
            }
        }
    ]

# 대화 메시지
messages = [
    {"role": "user", "content": "서울의 날씨 알려줘"}
]

# GPT 호출
response = client.chat.completions.create(
    model="gpt-4",
    messages=messages,
    functions=functions,
    function_call="auto"
)

# 응답 출력
print(response.choices[0].message)
```

결과는 다음과 같습니다.

> **실행결과**
>
> ChatCompletionMessage(content=None, refusal=None, role='assistant', annotations=[], audio=None, function_call=FunctionCall(arguments='{\n"location": "서울"\n}', name='get_current_weather'), tool_calls=None)

'서울의 날씨'를 물어봤지만, 아직 결과가 출력되지 않은 것을 볼 수 있습니다. 그 이유는 Function Calling이 실제 데이터를 가져오는 것이 아니라, 도구를 호출하라는 요청만 생성하기 때문입니다. 따라서 실제로 날씨 정보를 얻으려면, 다음과 같이 OpenWeather와 같은 외부 API를 함께 연동해야 합니다.

참고로 이 코드가 제대로 실행되려면 OpenWeather 사이트에서 API 키를 발급받아 등록해야 합니다.[3]

코드

```python
import os
import json
import requests
from openai import OpenAI

openai_api_key = "sk..." # OpenAI API 키 입력
weather_api_key = "" # OpenWeather API 키 입력

client = OpenAI(api_key=openai_api_key)

# Function 정의 (OpenAI에 알려줄 함수 명세)
functions = [
    {
        "name": "get_current_weather",
        "description": "현재 날씨를 조회합니다",
        "parameters": {
            "type": "object",
            "properties": {
                "location": {"type": "string", "description": "도시 이름"},
            },
            "required": ["location"],
        },
    }
]

# 사용자 질문
```

---

[3] 이 책의 핵심은 Function Calling이 아니라 MCP 개념이므로, 자세한 설명은 생략합니다. 코드 실행에 필요한 OpenWeather API 키는 자유롭게 발급받아 사용하면 됩니다. https://openweathermap.org/api/one-call-3

```python
messages = [
    {"role": "user", "content": "서울 날씨 어때?"}
]

# GPT에게 함수 호출 요청 생성
response = client.chat.completions.create(
    model="gpt-4",
    messages=messages,
    functions=functions,
    function_call="auto"
)
message = response.choices[0].message

if message.function_call:
    function_name = message.function_call.name
    arguments = json.loads(message.function_call.arguments)
    location = arguments["location"]

    # OpenWeatherMap은 영어 도시명을 더 잘 인식하므로 한글을 영문으로 변환
    # 간단한 매핑 예시
    korean_to_english = {
        "서울": "Seoul",
        "부산": "Busan",
        "대구": "Daegu",
        "인천": "Incheon",
        "광주": "Gwangju",
        "대전": "Daejeon",
        "울산": "Ulsan",
        "제주": "Jeju"
    }
    location_eng = korean_to_english.get(location, location)

    # 날씨 API 호출
    weather_url = "https://api.openweathermap.org/data/2.5/weather"
    params = {
        "q": location_eng,
        "appid": weather_api_key,
        "units": "metric",  # 섭씨 온도
```

```python
        "lang": "kr"
    }

    weather_response = requests.get(weather_url, params=params)
    weather_data = weather_response.json()

    # 실패 시 처리
    if "main" not in weather_data:
        print("날씨 정보를 가져오는 데 실패했습니다.")
        print("오류 메시지:", weather_data.get("message", "알 수 없는 오류"))
        print("전체 응답:", weather_data)
        exit()

    # 결과 구성
    weather_result = {
        "location": location_eng,
        "temperature": weather_data["main"]["temp"],
        "condition": weather_data["weather"][0]["description"]
    }

    # GPT에게 도구 실행 결과 전달
    messages.append(message)  # GPT가 만든 function_call 메시지
    messages.append({
        "role": "function",
        "name": function_name,
        "content": json.dumps(weather_result)
    })

    final_response = client.chat.completions.create(
        model="gpt-4",
        messages=messages
    )

    print("\n 최종 응답:")
    print(final_response.choices[0].message.content)

else:
    print("GPT가 함수 호출을 요청하지 않았습니다.")
```

결과는 다음과 같습니다. 실제로 코드를 실행했을 때에는 비가 막 그치는 날씨였습니다.

> **실행결과**
>
> 최종 응답:
> 현재 서울의 온도는 약 12.76도이고, 날씨는 박무입니다.

Function Calling과 실제 API 호출 코드를 연동하면 실시간 날씨를 받아올 수 있지만, 이러한 연동을 도구마다 매번 새롭게 구성해야 하며, 모델마다 연결 방식이 다르기 때문에 재사용이 어렵습니다. 이러한 문제를 해결하고, LLM과 도구를 더 일관되고 유연하게 연결할 수 있도록 제안된 것이 바로 MCP입니다.

다음 절에서는 MCP가 어떤 구조로 설계되어 있으며, 기존 방식과 어떻게 다른지, 그리고 실무에 어떤 변화를 가져올 수 있는지를 자세히 살펴보겠습니다.

1.4 MCP의 등장과 구조적 전환

앞서 MCP는 모델마다 달랐던 도구 연결 방식을 하나의 표준 프로토콜로 통합한다고 설명했습니다. 즉, 기존에는 LLM과 도구를 연결하려면 OpenAI의 Function Calling, 앤트로픽 클로드의 tool_use 메시지, 랭체인의 에이전트 실행 방식처럼 각기 다른 형식을 별도로 학습하고 구현해야 했습니다.

이러면 동일한 기능을 수행하는 도구라도 모델마다 입력 형식과 호출 방식이 달라 재사용이 어렵고, 여러 모델을 조합한 시스템을 구성할 경우 연동 코드의 중복과 복잡성이 급격히 증가했습니다.

MCP는 LLM과 외부 도구 간의 통신을 표준화하기 위해 고안된 프로토콜입니다. MCP의 핵심은 도구의 정의 방식과 호출 절차를 JSON 기반의 구조로 명확히 규정하여, 다양한 클라이언트와 LLM이 일관된 방식으로 도구를 사용할 수 있도록 지원하는 데 있습니다.

이를 통해 LLM은 클라이언트(예 커서, 클로드 데스크톱)로부터 전달받은 도구 정보(예 기능, 입력 형식, 출력 유형 등)를 참고하여, 사용자 요청에 적합한 도구를 선택하고 호출할 수 있습니다.

▼ 그림 1-5 MCP를 통한 모델과 도구의 연결 표준화

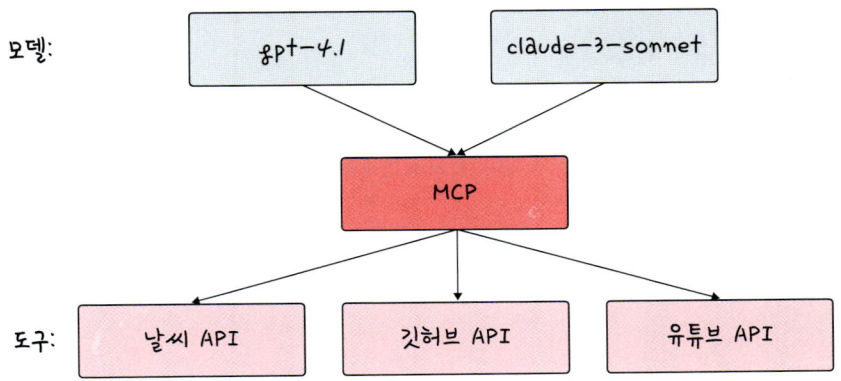

다시 말해, MCP는 LLM과 도구 사이에 일종의 계약서 역할을 하며, 이 계약서만 있으면 모델 종류나 도구 구현 방식에 관계없이 호환성과 확장성이 보장됩니다.

1.4.1 MCP의 구조

MCP의 구조는 크게 세 가지 요소로 구성됩니다. 각 요소를 코드 예시와 함께 살펴보겠습니다. 참고로 다음에 제시된 코드는 MCP 구조의 이해를 돕기 위한 예제이며, 실제 LLM 연동은 포함되어 있지 않습니다. 구조와 개념 중심으로 가볍게 읽어주세요.

(1) 도구 정의(Tool Manifest)

각 도구는 독립된 MCP 서버로 구현되고, 도구의 기능은 JSON 구조로 표현되며, 클라이언트가 이를 LLM에 전달해 도구 선택 및 호출에 활용합니다. 이 구조에는 도구의 이름, 수행하는 작업에 대한 설명, 입력 파라미터의 데이터 형식과 제약 조건, 반환값의 구조 등이 포함됩니다.

이러한 형식은 도구 간의 일관성을 유지하고, 자동화된 연결을 가능하게 해줍니다. 예를 들어 "get_current_weather"라는 도구는 "location"이라는 문자열을 입력 받고, "temperature"와 "condition" 값을 포함한 JSON 객체를 반환한다는 정보를 구조화해 제공합니다.

코드 JSON 예시: tool_manifest.json

```json
# tool_manifest.json
{
  "name": "get_current_weather",
  "description": "지정된 도시의 현재 날씨를 조회합니다.",
  "parameters": {
    "type": "object",
    "properties": {
      "location": {
        "type": "string",
        "description": "날씨를 조회할 도시 이름 (예: Seoul)"
      }
    },
    "required": ["location"]
  },
  "returns": {
    "type": "object",
    "properties": {
      "temperature": {
        "type": "number",
        "description": "섭씨 온도 (℃)"
      },
      "condition": {
        "type": "string",
        "description": "날씨 상태 설명 (예: 맑음, 비, 박무 등)"
      }
    }
  }
}
```

(2) 도구 불러오기 및 LLM 연동

클라이언트(예 커서, 클로드 데스크톱 등)는 MCP 서버로부터 도구의 JSON 명세를 자동으로 불러오며, 이를 LLM에게 전달합니다. 이 정보는 자동으로 프롬프트에 포함되어 별도의 수작업 없이 도구의 사용법을 이해하고 호출할 수 있도록 지원합니다. 덕분에 개발자는 프롬프트에 함수 설명을 일일이 삽입하거나, LLM이 도구를 학습하도록 반복 훈련시킬 필요가 없습니다. 이처럼 도구 정보를 자동으로 전달하고 프롬프트에 포함시킨 구조 덕분에, 사용자 요청이 들어오면 클라이언트 내의 LLM은 JSON 명세를 바탕으로 도구 호출 시점과 입력값을 자동으로 판단할 수 있습니다.

다음은 앞에서 정의한 tool_manifest.json을 활용한 간단한 MCP 서버 예시입니다. 클라이언트는 MCP 서버의 /manifest 엔드포인트[4]를 통해 도구 정보를 불러오고, 이를 Function Calling과 유사한 방식으로 도구 사용 정보를 LLM에 전달합니다. 이후 LLM은 사용자 질문과 해당 정보를 바탕으로 어떤 도구를 호출할지 자동으로 결정합니다.

코드

```python
from flask import Flask, request, jsonify
import json

app = Flask(__name__)

# /manifest: 도구 설명 (LLM이 참고)
@app.route("/manifest", methods=["GET"])
def manifest():
    with open("tool_manifest.json") as f:
        return jsonify(json.load(f))

# /run: 도구 실행 (LLM이 요청한 location으로 날씨 조회)
@app.route("/run", methods=["POST"])
def run():
    data = request.json
    location = data.get("location", "알 수 없음")
    # 실제 API 대신 고정 응답 제공
    return jsonify({
```

---

[4] 클라이언트가 서버에 요청을 보낼 수 있는 URL 주소

```python
        "location": location,
        "temperature": 22.5,
        "condition": "박무"
    })

if __name__ == "__main__":
    app.run(port=3001)
```

(3) 다중 도구 연결 및 에이전트 협업

MCP는 하나의 LLM이 여러 MCP 서버와 동시에 연결될 수 있도록 설계되어 있습니다. 이를 통해 LLM은 복수의 도구를 병렬로 호출하거나, 앞선 도구의 출력값을 다음 도구의 입력으로 연계하여 복합 작업을 처리할 수 있습니다. 예를 들어, 사용자가 '서울의 내일 날씨를 보고 회의 일정을 잡아줘'라고 요청하면, LLM은 먼저 날씨 도구를 호출하여 정보를 얻고, 이후 해당 정보를 기반으로 캘린더 도구를 호출해 일정을 등록하는 흐름을 구성할 수 있습니다.

이러한 방식은 검색 에이전트, 코드 실행기, 파일 분석기, 이메일 발송기 등 **역할이 분리된 다양한 MCP 서버**를 유기적으로 조합하여 하나의 작업 흐름을 완성하는 데 핵심적인 역할을 합니다.

정리하면, MCP는 단순한 도구 호출을 넘어서, 에이전트들이 유기적으로 협업할 수 있는 구조를 가능하게 하는 핵심 기반 기술입니다.

1.4.2 MCP가 가져올 변화

MCP의 이러한 구조의 강점은 프롬프트에 도구 사용법을 따로 명시하지 않아도 된다는 점입니다. 도구가 변경되거나 추가되어도, LLM은 JSON 명세를 바탕으로 별다른 수정 없이 그대로 활용할 수 있습니다. MCP는 LLM을 고립된 언어 모델에서 벗어나 외부 세계와 능동적으로 상호작용하는 에이전트로 전환시키며, 실제 업무 환경에서 활용 가능한 기술적 기반과 실행 구조가 됩니다.

MCP의 등장은 단순한 기술적 진보를 넘어, LLM 활용 방식의 패러다임을 바꾸는 전환점이라고 할 수 있습니다. 이제 우리는 모델 중심의 단순한 응답 생성에서 벗어나, 시스템 중심의 복합적 문제 해결 구조로 나아가고 있습니다. 더 나아가, 다양한 AI 에이전트들이 각자의 역할을 분담하고 유기적으로 협력할 수 있는 환경이 마련되면서, 사용자 요청이 아무리 복잡하더라도 더욱 유연하고 지능적으로 대응할 수 있는 기반이 갖춰지고 있습니다.

▼ 그림 1-6 AI 에이전트 기반 플랫폼 기능

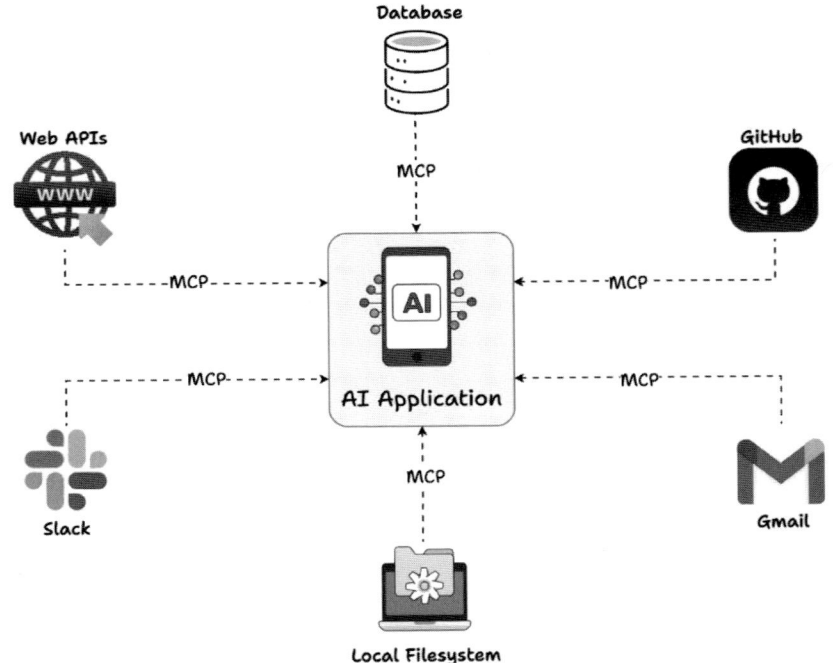

따라서 앞으로는 다음과 같은 변화가 더욱 뚜렷해질 것입니다.

- 단일 모델에서 멀티 에이전트 구조로의 전환
- 도구를 사용자가 직접 호출하던 방식에서, AI가 사용자 요청을 해석해 적절한 도구를 자동으로 선택하고 실행하는 방식으로 전환
- 반복적으로 구현하던 도구를 재사용 가능한 구조로 개선
- LLM 중심의 설계에서 에이전트 중심의 아키텍처로 진화

결과적으로 AI 생태계는 MCP와 같은 표준화된 연결 프로토콜을 중심으로 한 멀티 에이전트 협업 체계로 진화할 것입니다. 이러한 변화는 개발자뿐 아니라 사용자 모두에게 실질적인 혜택을 가져다주며, AI를 더욱 실용적이고 확장 가능한 방식으로 받아들이는 데 중요한 전환점이 될 것입니다.

CHAPTER 2

MCP 동작 방식 이해하기

SECTION 1	MCP 아키텍처
SECTION 2	MCP 동작 원리
SECTION 3	MCP 통신 방식
SECTION 4	MCP 사용 방법
SECTION 5	MCP와 LLM
SECTION 6	MCP의 기능적 한계
SECTION 7	MCP의 보안 취약성

2.1 MCP 아키텍처

MCP는 기본적으로 서버-클라이언트 아키텍처를 갖습니다. 서버-클라이언트 아키텍처 (server-client architecture)는 **역할**을 분리하여 통신하는 구조를 말합니다. 이때 서버와 클라이언트는 다음과 같은 역할을 합니다.

- **클라이언트**(Client): 요청을 보냅니다.
- **서버**(Server): 요청을 받아 처리합니다.

이 두 구성 요소가 네트워크(또는 프로세스 간 통신)를 통해 서로 요청(request)과 응답 (response)을 주고받으며 작동합니다.

▼ 그림 2-1 서버-클라이언트 통신

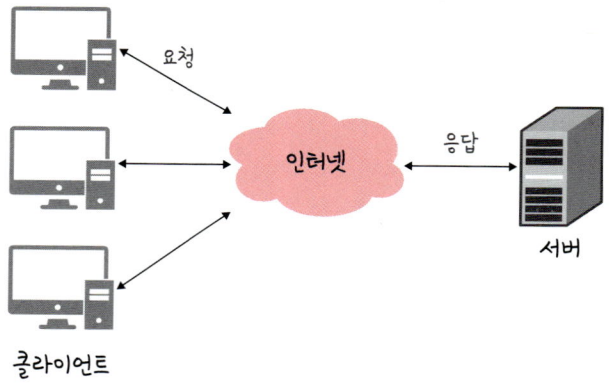

예를 들어 우리가 웹에서 필요한 것을 검색한다고 가정해봅시다. 사용자가 웹 브라우저 (클라이언트)를 통해 검색 엔진 서버에 접속합니다. 즉, 클라이언트가 서버에 **요청**을 보내는 것이죠. 그러면 검색 엔진 서버는 검색 결과 페이지를 **응답**으로 반환합니다. 이처럼 서버는 클라이언트의 요청에 대해 응답을 보내는 구조입니다.

MCP 역시 서버-클라이언트 구조를 따릅니다. 클로드 데스크톱, 커서, 윈드서프 (Windsurf)와 같은 도구들은 사용자의 입력을 받아, 필요한 기능을 실행하기 위해 MCP

서버에 요청을 전달합니다. 이러한 흐름에서 이들은 클라이언트의 역할을 수행한다고 볼 수 있습니다. 예를 들어 사용자가 문서를 요약해달라고 하면, 클라이언트는 해당 요청을 PDF 검색기나 코드 실행기와 같은 MCP 서버에 전달하고, 서버는 이를 처리한 뒤 결과를 다시 반환합니다. 이처럼 MCP 서버는 각 도구 기능을 실제 수행하는 주체로, 클라이언트와 LLM이 생성한 요청(tool_use)에 응답하고 결과 메시지(tool_result)를 반환하는 서버 역할을 합니다.

이를 그림으로 표현하면 다음과 같습니다.

▼ **그림 2-2** MCP에서 서버-클라이언트 구조

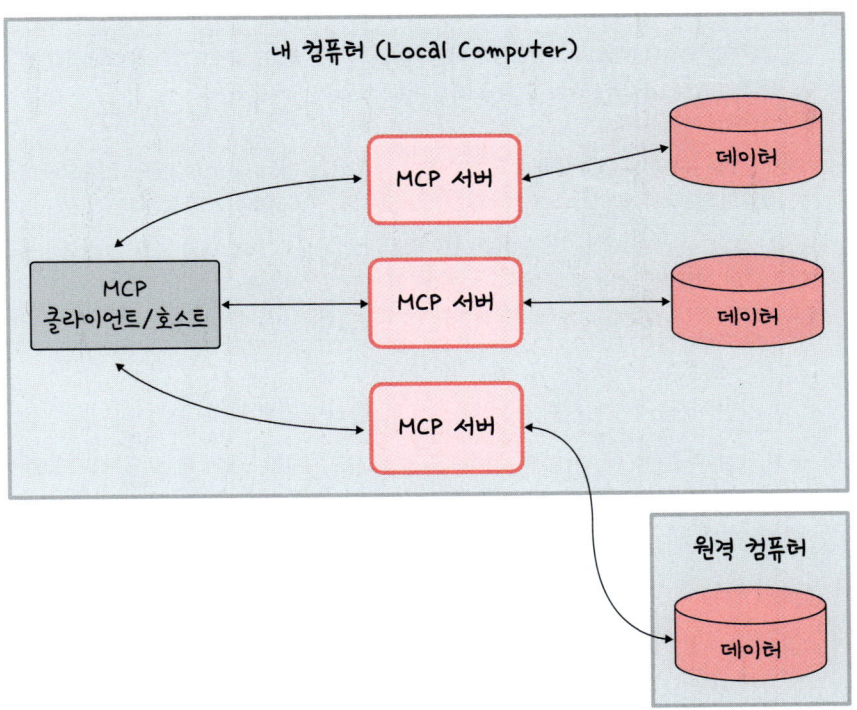

MCP는 전통적인 서버-클라이언트 구조를 따르지만, 클라이언트 측을 두 개의 구성 요소로 나누어 이해할 수 있습니다. 사용자와 직접 상호작용하는 상위 계층은 'MCP 호스트(Host)'로, 클로드 데스크톱, 커서, 스미더리 등과 같은 LLM 기반 애플리케이션이 이 역할을 수행합니다. MCP 호스트는 사용자 입력을 받고, LLM의 응답을 출력하는 사용자 인터페이스 환경을 포함합니다.

MCP 호스트 내부에는 'MCP 클라이언트(Client)'가 포함되어 있으며, 이는 LLM이 선택한 도구에 대한 요청을 외부 MCP 서버로 전달하고 결과를 다시 받아 MCP 호스트에 반환하는 역할을 합니다. 일반적으로 MCP 호스트와 MCP 클라이언트는 하나의 시스템 안에 함께 구현되지만, 구조적으로는 사용자 인터페이스 계층(MCP 호스트)과 도구 호출 계층(MCP 클라이언트)을 구분하여 이해하는 것이 더 명확합니다. 이러한 구분은 사용자 요청부터 도구 선택과 실행에 이르는 MCP의 동작 흐름을 체계적으로 설명하는 데 도움이 됩니다.

▼ 표 2-1 호스트, 클라이언트, 서버 역할

역할	설명	예시
호스트	사용자가 직접 상호작용하는 AI 애플리케이션 인터페이스입니다. 사용자의 요청을 MCP 클라이언트를 통해 처리하고, 결과를 사용자에게 보여줍니다.	클로드 데스크톱, 커서, 스미더리, 윈드서프 등
클라이언트	사용자 질문을 분석한 뒤 MCP 서버에 적절한 요청을 보내고, 도구 실행 결과를 다시 받아 호스트에 전달하는 역할을 합니다.	커서 내부 LLM 호출 모듈, 클로드 데스크톱의 MCP 요청 처리기 등
서버	도구를 실제로 실행하는 MCP 서버입니다. 이 서버에는 다양한 기능(API, 파일 처리, 검색 등)이 등록되어 있으며, 클라이언트의 요청에 따라 실행됩니다.	날씨 API, PDF 요약 서버, 웹 검색 서버 등

일반적으로 MCP 기반 애플리케이션에서는 호스트와 클라이언트의 기능이 하나의 시스템 안에 함께 구현되기 때문에 두 개념이 자주 혼용됩니다. 예를 들어 클로드 데스크톱, 커서, 윈드서프 등은 다음과 같은 역할을 통합적으로 수행합니다.

- 사용자의 자연어 입력을 받습니다.
- 적절한 도구(tool)를 판단합니다.
- MCP 서버에 요청을 전송합니다.
- 결과를 사용자에게 보여줍니다.

이처럼 하나의 애플리케이션이 호스트(사용자 인터페이스)이자 클라이언트(도구 요청자)의 역할을 함께 수행하는 경우가 많습니다.

▼ 그림 2-3 호스트이자 클라이언트

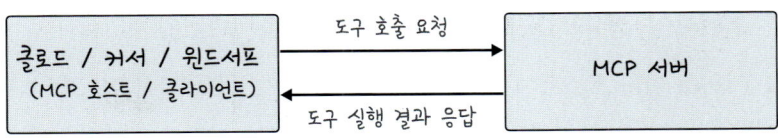

다시 아키텍처 관점으로 돌아가면, MCP 구조에서는 클라이언트가 여러 MCP 서버에 접속할 수 있는 구조를 갖고 있습니다.

즉, MCP 서버는 하나만 존재하는 것이 아니라, 검색, 코드 실행, 파일 접근, 이미지 생성 등 다양한 기능별로 독립된 서버들이 존재하며, 이러한 MCP 서버들은 스미더리 같은 플랫폼에서 공용으로 호스팅되어 제공되기도 합니다.

▼ 그림 2-4 동일한 MCP 서버 공유

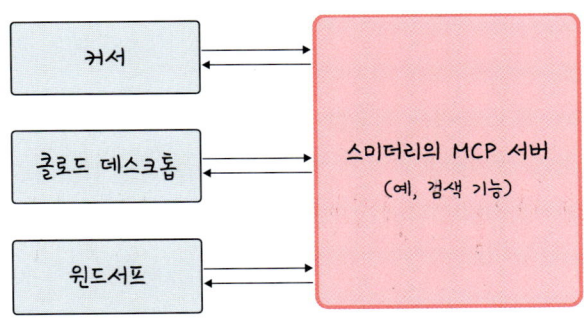

MCP의 도입은 사용자에게 어떤 의미를 가질까요? MCP의 도입은 사용자에게 단순한 기능 추가가 아닌, 일하는 방식의 근본적인 변화를 의미합니다. 예를 들어 클로드 데스크톱을 사용하는 경우, 더 이상 복잡한 명령어를 일일이 설명할 필요 없이, '폴더 안에 있는 파일을 정리해줘'라고 입력하면 클로드가 직접 파일을 열고 필요한 작업을 수행해주는 실행형 AI로 진화합니다.

커서 사용자에게는 훨씬 직관적인 개발 환경이 열립니다. 도구를 한 번 등록해두면, '최근 업데이트된 API를 정리해줘'라는 자연어 명령만으로도 검색, 분석, 코드 작성까지 자동으로 처리되며, 반복적인 개발 업무를 크게 줄일 수 있습니다. 또한 윈드서프와 같이 에이전트 워크플로를 구성하는 플랫폼에서는, 이메일 수신부터 분석, 회신 작성, 전송에 이르는 과정을 클릭 몇 번으로 자동화할 수 있습니다. 더 이상 사람이 모든 단계를 직접 수행할 필요 없이, AI가 역할을 나누어 협력하며 문제를 해결해나가는 환경이 마련된 것입니다.

결국 동일한 MCP 서버를 여러 호스트에서 공동으로 사용할 수 있다는 점이 핵심입니다. 하나의 MCP 서버를 만들면 다양한 애플리케이션에서 재사용할 수 있기 때문에 사용자 입장에서는 더 일관된 경험을 제공받고, 개발자 입장에서도 유지보수와 확장에 유리한 구조를 구성할 수 있습니다.

이제 시선을 서비스 구조 관점으로 돌려보겠습니다. MCP는 각 도구를 역할별로 분리된 서버로 구성할 수 있으며, 이러한 구조는 다음과 같은 장점이 있습니다.

- **독립 실행**

  MCP 서버는 각각 독립된 프로세스로 실행되기 때문에 기능별로 나누면 장애 격리와 유지보수에 효과적입니다.

- **확장성**

  기능의 특성에 따라 서버마다 다른 확장 전략을 적용할 수 있습니다. 예를 들어 검색 서버는 호출 빈도가 높기 때문에 성능 최적화가 중요하고, 코드 실행 서버는 높은 보안 수준이 요구되므로 격리된 환경에서 운영하는 것이 적절합니다.

- **재사용성**

  한 번 구축한 MCP 서버(예 검색 도구)를 클로드 데스크톱, 커서, 윈드서프 등 여러 클라이언트에서 공유해 사용할 수 있습니다.

- **모듈화**

  마이크로서비스[1] 아키텍처처럼 각 도구를 전체 시스템과 분리해 독립적으로 개발, 배포, 운영할 수 있게 해줍니다.

---

[1] 애플리케이션을 작고 독립적인 서비스들로 나누어, 각 서비스가 개별적으로 개발, 배포, 확장될 수 있도록 하는 아키텍처

2.1.1 MCP 클라이언트 플랫폼

앞서 계속 언급된 클로드 데스크톱, 커서, 윈드서프는 MCP 구조에서 클라이언트 플랫폼으로 사용됩니다. 즉, 이들은 MCP 서버에 요청을 보내는 주체로서, 사용자 인터페이스이자 도구 선택을 담당하는 AI 어시스턴트 환경이라 할 수 있습니다.

이러한 MCP 클라이언트 플랫폼의 역할과 특징에 대해 간단히 살펴보겠습니다.

(1) 클로드 데스크톱

클로드 데스크톱(Claude Desktop)은 앤트로픽(Anthropic)이 개발한 LLM 기반 챗봇이자 AI 어시스턴트입니다.

▼ 그림 2-5 클로드 로고

※ Claude

데스크톱 버전에서는 사용자가 직접 MCP 서버를 연결함으로써, 클로드가 외부 도구들을 활용할 수 있도록 구성할 수 있습니다. 이러한 구조를 통해 클로드 데스크톱은 MCP 클라이언트로서 다음과 같은 기능을 수행하게 됩니다.

- 사용자의 자연어 입력을 분석합니다.
- 연결된 MCP 서버의 도구 목록(JSON)을 자동으로 인식합니다.
- 질문에 적합한 도구를 선택하고, 필요한 파라미터를 구성해 실행 요청을 보냅니다.
- MCP 서버로부터 받은 결과를 자연어 형태로 정리하여 사용자에게 전달합니다.

(2) 커서

커서(Cursor AI)는 개발자를 위한 AI 기반 코드 편집기로, VS Code를 기반으로 하며 GPT 또는 클로드 모델을 활용해 코드 추천, 자동 완성, 문서 요약 등의 기능을 제공합니다.

▼ 그림 2-6 커서 로고

커서 역시 MCP 클라이언트 역할을 수행하며, 다음과 같은 방식으로 동작합니다.

- 사용자는 코드 작성 도중, 파일 검색이나 경로 추적 등과 같은 특정 기능을 명령어 입력 또는 질문을 통해 직접 실행할 수 있습니다.
- `@file-search/find_file`처럼 명령어를 입력하면, 해당 명령이 등록된 file-search MCP 서버에 요청이 전송되어, 해당 도구가 실행되고 결과가 반환됩니다.

(3) 윈드서프

윈드서프(Windsurf)는 워크플로 중심의 AI 코드 에이전트 도구로, 여러 개의 MCP 도구를 조합해 자동화된 작업 흐름을 구성할 수 있도록 지원합니다.

▼ 그림 2-7 윈드서프 로고

윈드서프는 다음과 같은 방식으로 MCP 클라이언트 역할을 수행합니다.

- 복잡한 요청을 처리하기 위해 여러 MCP 서버를 순차적으로 호출할 수 있습니다. 예를 들어 '코드 검색 → 요약 → 리뷰 요청'과 같은 단계적인 시나리오를 자동으로 실행할 수 있습니다.

- 각 도구의 실행 결과를 내부 메모리에 저장하거나 다음 도구의 입력값으로 활용함으로써, 워크플로 단위의 유연한 작업 흐름을 구성합니다.

(4) 스미더리

이와 별도로 스미더리(Smithery AI)라는 플랫폼도 있습니다. 겉보기에는 단순한 MCP 서버들의 집합처럼 보일 수 있지만, 실제로는 그 이상입니다.

▼ 그림 2-8 스미더리 로고

스미더리는 여러 개의 MCP 도구를 단순히 나열하는 데 그치지 않고, 이를 자동으로 연결해 하나의 작업 흐름(워크플로)을 구성하는 기능을 제공합니다. 예를 들어 사용자가 'ChatGPT가 어떻게 작동하는지 블로그 글로 정리해줘. 초보자도 이해할 수 있게 설명하고, 관련 삽화도 함께 만들어줘'라고 질문하면, 스미더리는 다음과 같은 방식으로 작동합니다. 참고로 아래는 MCP 서버가 스미더리에 등록되었다는 가정하에 설명한 것입니다.

- 1단계: @tavily 검색 도구를 활용하여 관련 문서 검색
- 2단계: @reader 도구를 이용해 검색 결과 요약
- 3단계: @markdown-writer 도구로 내용을 블로그 형식으로 정리
- 4단계: @image-generator 도구를 통해 관련 삽화 생성
- 5단계: 최종 응답 생성 및 반환

이처럼 사용자는 단 하나의 질문만 던졌을 뿐이지만, 스미더리는 여러 개의 MCP 서버를 자동으로 호출하고, 그 결과를 연결해 일관된 하나의 응답으로 만들어냅니다. 즉, 스미더리는 단순한 도구 실행기가 아니라, MCP 도구들을 유기적으로 엮어주는 자동화 플랫폼이라 할 수 있습니다.

2.2 MCP 동작 원리

MCP는 AI가 단순히 정적인 응답만을 생성하는 것을 넘어, 실시간 정보 검색과 외부 도구 활용을 통해 더욱 정확하고 정교한 답변을 생성할 수 있도록 돕는 구조입니다. 다음은 MCP 상호작용의 전형적인 흐름입니다.

▼ 표 2-2 MCP 상호작용 흐름

단계	설명
❶ 사용자 입력	사용자가 자연어로 질문 또는 명령을 입력합니다.
❷ 입력 분석	LLM이 입력의 의도를 분석합니다.
❸ 외부 정보 필요 여부 판단	외부 도구나 리소스가 필요한지 판단합니다.
❹ (필요 시) MCP 요청 생성	외부 도구 호출이 필요한 경우, MCP 형식(JSON 요청)으로 변환하여 요청을 준비합니다.
❺ 요청 수신 및 해석	생성된 MCP 요청이 MCP 서버로 전송되며, MCP 서버는 이를 수신합니다.
❻ 도구 호출	MCP 서버가 요청된 도구(@mcp.tool로 등록된 함수 등)를 실행합니다.
❼ 결과 정리	실행 결과가 정제되어 반환됩니다.
❽ 응답 전달	도구 실행 결과를 다시 LLM 또는 클라이언트로 전달합니다.
❾ 응답 통합	LLM이 MCP 결과를 자연어로 재구성합니다.
❿ 사용자 응답 출력	사용자에게 최종 응답이 표시됩니다.

각 단계를 하나씩 살펴보겠습니다.

❶ 사용자 입력

사용자는 자연어로 질문, 명령, 요청 등을 입력합니다(예 '미국의 현재 금리를 알려줘').

❷ LLM이 입력을 분석

LLM은 사용자의 입력을 해석하고 문맥(context)을 파악합니다.

❸ **외부 정보 필요 여부를 판단**

LLM이 입력을 해석한 뒤, 자체 지식만으로 답변이 가능한지, 아니면 외부 정보를 참조해야 하는지를 판단합니다.

❹ **MCP 형식에 맞춘 요청 생성**

외부 정보가 필요하다고 판단되면, LLM은 호출할 도구와 입력값을 결정하고, 클라이언트는 이를 바탕으로 MCP 규격에 따라 JSON 형식의 요청 메시지를 생성합니다.

❺ **MCP 서버가 요청을 수신 및 해석**

MCP 서버는 클라이언트를 통해 전달된 요청을 수신하고, 요청된 도구(예 `search_web`, `file_reader` 등)를 실행합니다. 중요한 점으로, MCP 서버는 도구 선택에 관여하지 않으며, 요청에 포함된 정보에 따라 지정된 도구만을 실행합니다.

❻ **외부 리소스 또는 도구를 호출**

MCP 서버는 전달받은 요청에 명시된 도구, 즉 `@mcp.tool`로 등록된 함수를 실행합니다. 도구에 따라 외부 API를 호출하거나, 데이터베이스 조회, 코드 실행 등의 작업을 수행하여 필요한 정보를 가져올 수 있습니다.

❼ **데이터 수신 및 결과 정리**

MCP 서버는 도구 실행 결과를 JSON 형식으로 반환합니다. 이 결과는 클라이언트를 통해 LLM에 전달되며, LLM은 이를 기반으로 후속 응답을 생성합니다.

❽ **MCP 서버가 모델에 응답 전달**

도구 실행 결과는 클라이언트를 통해 LLM에게 전달되며, 이후 LLM은 기존 대화 문맥과 결합해 응답을 생성합니다.

❾ **AI 모델이 응답을 통합 및 재구성**

LLM은 MCP 서버에서 전달받은 응답을 기존 문맥과 통합하여 자연스럽게 정리합니다.

❿ **사용자에게 최종 응답 출력**

LLM이 재구성한 응답을 사용자에게 출력하는 최종 단계입니다.

2.3 MCP 통신 방식

MCP에서는 클라이언트와 서버 간의 요청과 응답을 주고받기 위한 대표적인 전송 방식으로 Stdio(표준 입출력)와 SSE(Server-Sent Events)를 지원합니다. 사용 환경이나 구현 목적에 따라 둘 중 하나의 전송 방식을 선택할 수 있습니다.

▼ 그림 2-9 MCP 호스트와 MCP 서버의 통신

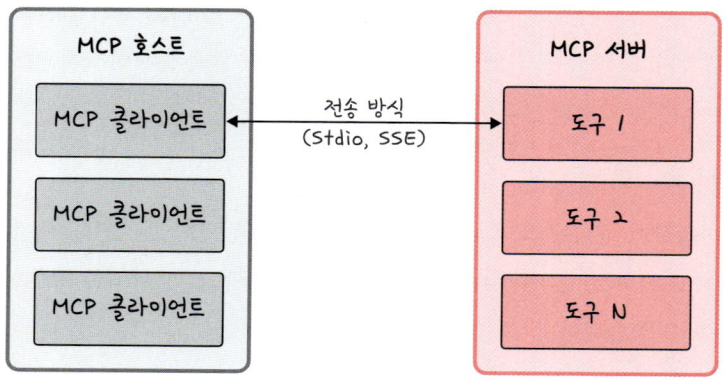

두 방식이 어떻게 다른지 알아보겠습니다.

2.3.1 Stdio 방식

Stdio 방식은 MCP 서버와 클라이언트가 표준 입출력(Standard Input/Output, 즉 stdin과 stdout)을 통해 직접 데이터를 주고받는 통신 방식입니다.

- MCP 서버는 명령 프롬프트나 터미널 환경에서 실행되며, 클라이언트는 표준 입출력 (stdin 및 stdout)을 통해 서버와 직접 데이터를 주고받습니다.
- 클라이언트는 stdin을 통해 데이터를 서버에 전송하고, 서버는 stdout을 통해 처리 결과를 클라이언트에 반환합니다.

stdin은 MCP 클라이언트가 서버로 데이터를 보낼 때 사용하는 통로입니다. 예를 들어 클라이언트가 '이 두 수를 더해줘'라는 요청을 JSON 형식으로 전달하면, 이 데이터는 stdin을 통해 MCP 서버로 전달됩니다. 즉, 클라이언트에서 MCP 서버 방향의 요청 통로입니다.

반면, stdout은 MCP 서버가 처리 결과를 클라이언트로 전달하는 응답 통로입니다. 예를 들어 서버가 '정답은 5입니다'라고 응답하면, 이 메시지는 stdout을 통해 클라이언트로 전송됩니다. 즉, MCP 서버에서 클라이언트 방향의 응답 통로입니다.

▼ **그림 2-10** Stdio 방식의 통신

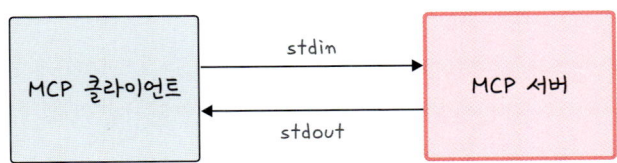

클라이언트와 서버가 동일한 컴퓨터에서 실행

이러한 통신 방식은 일반적으로 클라이언트와 서버가 동일한 컴퓨터에서 실행될 때 사용되며, 로컬 테스트나 개발 중인 MCP 서버를 빠르게 실행해보기 위한 환경에 적합합니다.

▼ **표 2-3** Stdio 방식의 장단점

장점	– 설정이 간단하고 별도 네트워크 구성 없이 빠르게 테스트 가능
	– 네트워크를 사용하지 않아 민감한 데이터가 외부로 노출될 위험이 적음
	– 커서, 클로드 데스크톱 등 로컬 실행 기반의 도구와 연동하기에 적합
단점	– 클라이언트와 서버가 동일한 시스템 또는 파일 경로 내에 있어야 하므로 원격 사용이 불가능함
	– 병렬 처리에 제약이 있으며, 동시에 여러 세션을 관리하기 어려움

이번에는 MCP 서버를 표준 입출력(Stdio) 방식으로 실행하는 방법을 살펴보겠습니다. 아래 코드는 Stdio 기반 MCP 서버의 간단한 예시입니다.

코드

```
from mcp.server.fastmcp import FastMCP

mcp = FastMCP("Math")
```

```python
@mcp.tool()
def add(a: int, b: int) -> int:
    """두 수를 더합니다"""
    return a + b

if __name__ == "__main__":
    mcp.run_stdio()
```

2.3.2 SSE 방식

SSE(Server-Sent Events) 방식은 MCP 서버가 HTTP 기반의 스트리밍 통신을 통해 클라이언트에게 실시간으로 데이터를 전송하는 방식입니다. 주로 웹 서버 형태로 실행되는 MCP 서버에서 사용되며, 클라우드나 웹 환경에 적합합니다.

- MCP 서버는 웹 서버처럼 작동하며, 클라이언트는 /messages/ 경로에 접속하여 **지속적인 연결**을 유지합니다.
- 클라이언트는 보통 HTTP POST 방식으로 요청을 보내고, 서버는 처리 결과를 한 번에 전송하지 않고, 생성된 결과를 순차적으로 스트리밍합니다.

즉, SSE는 클라이언트와 서버 간에 연결을 유지한 상태로, 서버에서 새로운 이벤트나 응답이 발생할 때마다 이를 실시간으로 클라이언트에 전송할 수 있는 구조를 제공합니다.

▼ **그림 2-11** SSE 방식의 통신

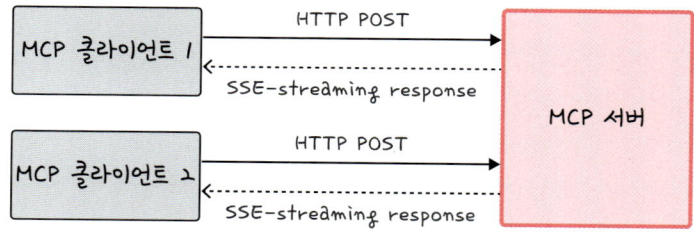

SSE 방식의 장단점을 정리하면 다음과 같습니다.

▼ **표 2-4** SSE 방식의 장단점

장점	- HTTP 기반이므로 원격 접속 및 클라우드/웹 환경 배포에 용이 - 다중 클라이언트 접속 및 세션 관리에 적합 - 실시간 응답 및 스트리밍 처리에 최적화됨
단점	- HTTP 서버 구성이 필요하므로 초기 설정이 복잡할 수 있음 - 재연결은 기본적으로 지원되지만, 세션 유지나 중단 복원은 추가 구현 필요

SSE 방식은 다음과 같이 사용합니다. 다음은 핵심 개념만 소개한 코드이며, 구체적인 활용 예제는 실습 파트에서 다룹니다.

코드

```python
from mcp.server.fastmcp import FastMCP
from fastapi import FastAPI
import uvicorn

mcp = FastMCP("Math")

@mcp.tool()
def add(a: int, b: int) -> int:
    return a + b

app: FastAPI = mcp.app

if __name__ == "__main__":
    uvicorn.run(app, host="0.0.0.0", port=3000)
```

이처럼 SSE 방식에서는 서버가 설정된 스트리밍 엔드포인트(예: /messages)를 통해 데이터를 실시간으로 전송하고, 클라이언트는 이 연결을 유지하며 순차적으로 수신합니다.

정리하자면, Stdio 방식은 로컬에서 간단히 테스트하거나 데스크톱 애플리케이션과 연결할 때 유용하고, SSE 방식은 웹 기반 서비스나 클라우드처럼 실시간 응답이 중요한 상황에 적합합니다. 다음 표에서는 두 방식의 특징을 비교해보았습니다. 사용 목적과 환경에 맞춰 알맞은 전송 방식을 선택하는 것이 핵심입니다.

▼ 표 2-5 Stdio와 SSE 방식의 차이

항목	Stdio 전송 방식	SSE 전송 방식
통신 유형	로컬, 동기식(stdin/stdout)	네트워크 기반, 실시간(HTTP/SSE)
클라이언트 지원	단일 클라이언트	다수의 클라이언트 지원
확장성	제한적(단일 프로세스)	높음(다수 클라이언트 지원)
인증	내장된 인증 기능 없음	인증 지원(예 JWT, API 키)
설정 복잡도	단순하고 최소한의 설정	HTTP 엔드포인트 및 네트워크 설정 필요
사용 사례	CLI 도구, 로컬 통합	웹 애플리케이션, 실시간 알림, 대시보드
지연 시간	매우 낮음(로컬 환경)	낮음, 그러나 네트워크 상태에 따라 영향 있음
신뢰성	로컬 프로세스에 대해 높음	자동 재연결 및 오류 처리 기능 제공

2.4 MCP 사용 방법

MCP에서 가장 핵심적인 세 가지 구성 요소는 도구(Tool), 리소스(Resource), 프롬프트(Prompt)입니다. 여기서는 각각의 개념과 사용 방법에 대해 간단히 알아보겠습니다.

2.4.1 도구, 리소스, 프롬프트

(1) 도구

도구는 LLM이 호출할 수 있는 외부 함수로, 사용자가 요청한 작업(예 덧셈, 이메일 전송, 웹 검색 등)을 실제로 실행하는 역할을 합니다. MCP에서는 `@mcp.tool()`로 등록하여 사용합니다.

```
@mcp.tool()
def add(a: int, b: int) -> int:
    """Add two numbers"""
    return a + b
```

예를 들어 클라이언트가 add 도구를 호출하면, MCP 서버에서는 해당 도구에 등록된 add() 함수가 실행되고, 그 결과가 클라이언트로 반환됩니다. 조금 더 완성된 코드로 알아볼까요? 코드는 다음과 같이 작동합니다.

▼ 그림 2-12 도구 사용에 대한 예시 흐름도

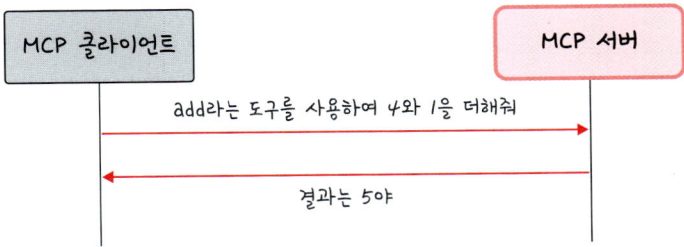

서버는 add라는 이름의 도구(tool)를 정의하고, 두 개의 정수 a와 b를 입력 받아 그 합을 반환합니다. 예를 들어 클라이언트가 a=4, b=1이라는 파라미터를 함께 전달하여 add 도구를 호출하면, 서버는 이 값을 계산한 후 결과값 5를 클라이언트에 응답하게 됩니다. 전체 코드는 다음과 같습니다.

```
from mcp import FastMCP

mcp = FastMCP("Add")

@mcp.tool()
def add(a: int, b: int) -> int:
    """a와 b를 더하기"""
```

```
        return a + b

if __name__ == "__main__":
    mcp.run()
```

(2) 리소스

리소스(Resource)는 LLM이 참고할 수 있도록 문맥이나 데이터를 사전에 제공하는 역할을 합니다. MCP에서는 `@mcp.resource()`를 사용해 리소스를 등록하고 활용할 수 있습니다.

코드

```
@mcp.resource("greeting")
def get_greeting(name: str) -> str:
    return f"Hello, {name}!"
```

리소스는 주로 사용자 프로필, 회사 정보, 시스템 로그처럼 LLM이 참고할 수 있는 **배경 정보나 맥락을 보완하는 용도**로 활용됩니다. 이번에는 리소스를 어떻게 정의하고 사용하는지, 예제를 통해 살펴보겠습니다.

다음 코드는 user_profile이라는 리소스를 정의한 예시입니다. 이 리소스는 사용자의 이름, 직무, 지역 정보를 포함하고 있으며, LLM이 문맥을 이해하고 더욱 **개인화된 응답을 생성**하는 데 도움을 줍니다. 예를 들어 사용자가 다음과 같이 질문을 한다고 가정해보겠습니다.

'이번 주 마케팅 전략 보고서를 요약해줘.'

이 경우, LLM은 user_profile 리소스를 참고하여 '김시현 마케팅 매니저'의 입장에서, 서울 지사를 고려한 전략적 요약을 생성할 수 있습니다.

코드

```
@mcp.resource("user_profile")
def get_user_profile() -> dict:
    return {
        "name": "김시현",
```

```
        "role": "마케팅 매니저",
        "location": "서울"
    }
```

(3) 프롬프트

프롬프트(Prompt)는 LLM에게 주어지는 지시문 또는 입력 문장으로, 사용자의 요청을 일관된 방식으로 해석하고 처리할 수 있도록 도와주는 역할을 합니다. MCP에서는 @mcp.prompt() 또는 add_prompt()를 사용해 프롬프트를 등록할 수 있습니다.

```
@mcp.prompt()
def review_code(code: str) -> str:
    return f"Please review this code:\\n\\n{code}"
```

사용 방법에 대한 코드는 앞에서 살펴봤던 것과 유사하므로 여기서는 생략하겠습니다. 마지막으로 전체 구성 요소를 비교해보면 다음과 같습니다.

▼ 표 2-6 도구, 리소스, 프롬프트에 대한 설명

구성 요소	설명	실행 방식	예시
도구	실행 가능한 함수	LLM이 직접 호출	계산, API 요청
리소스	참조용 데이터 또는 문맥 정보	클라이언트가 LLM 프롬프트에 포함해 전달	회사 소개, 가격표
프롬프트	입력 형식이나 LLM에게 요청할 의도를 담은 예시 문장 또는 템플릿	LLM에게 어떤 방식으로 응답할지 방향을 지정함	요약해줘, ~ 스타일로 바꿔줘, 키워드만 뽑아줘 등

2.4.2 클라이언트 등록 방법

추가로 알아둘 내용은 MCP 서버 실행 방법과, 클라이언트 도구(예 커서, 클로드 데스크톱 등)에 서버를 등록하는 방법입니다. 등록 방식은 여러 가지가 있으며, 상황에 따라 적절한 방식을 선택할 수 있습니다. 다음 표는 주요 등록 방법을 정리한 것입니다.

▼ 표 2-7 클라이언트 등록 방법

분류	방식	용도	플랫폼	대표 예시
직접 실행	python 명령	로컬 테스트	모든 플랫폼	python mcp_server.py
	uv run	빠른 실행	모든 플랫폼	uv run mcp_server.py
커맨드 호출 등록	npx	임시 실행 또는 외부 명령 실행	Node.js 기반 커맨드 실행 환경 (CII 커서)	npx -y @smithery/cli run
정적 등록	mcp.json 설정 파일	클라이언트 자동 등록	클로드 데스크톱, 커서	.cursor/mcp.json 작성
GUI 등록	클로드 데스크톱 개발자 모드	직접 등록	클로드 데스크톱 전용	클로드 데스크톱 내 GUI 등록 메뉴
원격 서버 연결	SSE 기반 URL 등록	배포된 서버 접속	웹 환경 전용 (SSE 방식)	http://localhost:3000/messages

표에 언급된 방식을 자세히 알아보겠습니다.

(1) 직접 실행

가장 기본적인 방법으로, 작성된 파일(.py)을 직접 실행합니다.

코드
```
python mcp_server.py
```

또한 uv는 러스트(Rust)로 만들어진 빠른 파이썬 실행 도구로, pip, venv, python의 기능을 하나로 통합해 간편하게 실행할 수 있는 명령줄 인터페이스(CLI)[2]입니다. MCP 서버도 이 방식으로 빠르게 실행할 수 있습니다.

코드
```
uv run mcp_server.py
```

---

2 터미널에서 텍스트 명령을 입력해 프로그램을 실행하고 제어하는 방식의 인터페이스

(2) 커맨드 호출 등록: npx 명령어 사용

npx는 Node.js 기반 명령어 실행 도구로, 패키지를 설치하지 않고도 MCP 서버를 즉시 실행할 수 있어 임시 테스트나 커서 환경에 적합합니다.

코드

```
npx -y @smithery/cli run ./my_server.py --stdio
```

(3) 정적 등록: mcp.json 정적 등록(커서 전용)

.cursor/mcp.json 파일을 사용하면 MCP 서버를 자동으로 등록할 수 있습니다. Stdio와 SSE 방식 모두 지원하며, 여러 개의 MCP 서버를 동시에 관리할 수 있습니다.

코드

```
{
  "mcpServers": {
    "fs": {
      "command": "npx",
      "args": [
        "-y",
        "@smithery/cli@latest",
        "run",
        "@smithery/fs",
        "--key",
        "YOUR_ACCESS_KEY"
      ]
    }
  }
}
```

(4) GUI 등록: 클로드 데스크톱 개발자 모드

클로드 데스크톱에서는 개발자 모드를 통해 사용자 정의 MCP 서버를 직접 등록할 수 있습니다. 설정 파일을 수동으로 열어 명령어, 실행 옵션, 전송 방식 등을 JSON 형식으로 입력하면, 해당 MCP 서버를 AI가 사용할 수 있는 도구로 등록할 수 있습니다.

```json
{
  "mcpServers": {
    "filesystem": {
      "command": "npx",
      "args": [
        "-y",
        "@modelcontextprotocol/server-filesystem",
        "C:\\Users\\YourUsername\\Desktop",
        "C:\\Users\\YourUsername\\Downloads"
      ]
    }
  }
}
```

(5) 원격 서버 연결: URL 방식으로 원격 서버 연결(SSE)

클로드 데스크톱의 개발자 모드에서는 SSE 방식의 원격 MCP 서버 URL을 직접 등록할 수 있습니다. 이때 서버는 /messages 또는 /sse와 같은 SSE 응답을 제공하는 HTTP 스트리밍 엔드포인트를 갖고 있어야 하며, transport는 반드시 "sse"로 설정해야 합니다.

```json
{
  "mcpServers": {
    "gpt4-search": {
      "url": "http://localhost:8000/messages/",
      "transport": "sse"
    }
  }
}
```

MCP 서버는 FastAPI와 같은 웹 프레임워크를 사용해 구성할 수 있으며, SSE 방식으로 통신하려면 비동기 HTTP 서버(ASGI 서버[3])를 통해 실행되어야 합니다. 이때 uvicorn과 같은 ASGI 서버를 사용하면 FastAPI 기반 MCP 서버를 쉽게 실행할 수 있습니다.

예를 들어 아래 명령어는 sse_server.py 파일에 정의된 app 객체를 포트 번호 8000에서 실행합니다.

코드
```
uvicorn sse_server:app --port 8000
```

- **sse_server**: 파이썬 파일 이름(sse_server.py)
- **app**: FastAPI 앱 인스턴스(예 app = FastAPI())
- **--port 8000**: 서버가 8000번 포트에서 요청을 수신하도록 지정

이 서버가 실행되면, 클라이언트는 http://localhost:8000/messages/와 같은 SSE 전용 엔드포인트에 연결하여 도구 요청을 실시간으로 주고받을 수 있게 됩니다.

2.5 MCP와 LLM

MCP가 발표된 이후, OpenAI 또한 MCP를 지원하겠다고 공식적으로 밝힌 바 있습니다. 그렇다면 MCP와 LLM은 어떤 관계에 있을까요?

LLM이 도구(tool)를 사용하기 위해서는 함수 이름, 파라미터 타입, 응답 형식 등 도구의 구조를 정확히 알아야 합니다. OpenAI는 이를 위해 Function Calling 기능을 도입했습니다. 하지만 이 방식은 OpenAI 고유의 구조라는 한계가 있습니다.

---

3 파이썬에서 비동기 웹 애플리케이션(FastAPI 등)을 실행하기 위해 사용하는 서버로, 실시간 통신(SSE, WebSocket 등)을 지원합니다.

- 클로드(Claude)는 메시지 구조에서 "type": "tool_use"와 "type": "tool_result" 같은 명시적인 타입을 사용합니다.
- 랭체인(LangChain)은 도구와 이를 선택·실행하는 에이전트를 조합한 구조를 취합니다.
- 퍼플렉서티(Perplexity) 역시 자체 검색 및 응답 구성 방식을 통해 도구를 통합하고 있습니다.

이처럼 도구 호출 방식이 서로 달라 호환성에 문제가 발생했고, 멀티 LLM 시대에는 이러한 비호환성이 큰 제약으로 작용했습니다. 다양한 LLM과 클라이언트 간의 호환성을 확보하려는 흐름 속에서 OpenAI도 MCP 지원을 공식화한 것입니다.

OpenAI가 MCP를 지원한다는 것은 다음과 같은 의미를 담고 있습니다.

1. OpenAI API의 도구 요청 구조를 MCP 형식(JSON 형식)으로 확장하겠다는 의미입니다. Function Calling을 MCP 스타일의 JSON 형식으로 전환함으로써, 다양한 생태계와의 통합이 가능해집니다.
2. 함수 이름, 파라미터 타입, 응답 구조 등을 MCP 표준(JSON 형식)으로 표현해, 클라이언트가 도구 사양을 자동으로 이해하고 활용할 수 있도록 하겠다는 의미입니다.
3. 향후 OpenAI SDK나 클라이언트 제품에서도 mcp.json 등을 통해 외부 MCP 서버와 연동하는 기능이 도입될 가능성도 있습니다.

MCP는 LLM 내부 기능이 아니라, 외부 도구나 리소스와 상호작용할 수 있도록 도와주는 표준화된 통신 형식(JSON 기반) 또는 도구 호출 프로토콜입니다. 따라서 LLM이 MCP를 직접 지원하지 않더라도, 커서나 클로드 데스크톱 같은 클라이언트가 도구 선택과 요청 생성을 처리하고, MCP 서버가 이를 실행함으로써 전체 도구 호출 흐름은 정상적으로 작동할 수 있습니다.

다만, LLM이 MCP 형식을 직접 이해하고 JSON 요청을 생성할 수 있다면, 도구 선택과 호출 과정이 더욱 자연스럽고 자동화되어 처리 속도와 응답 품질이 크게 향상됩니다.

▼ 그림 2-13 MCP 클라이언트와 서버

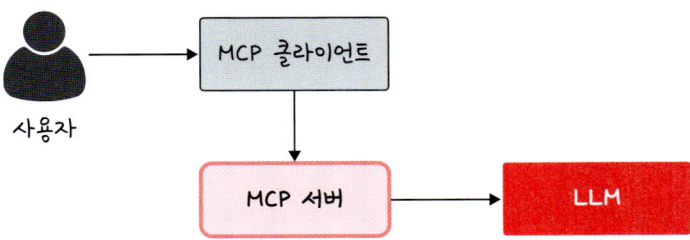

실제로 GPT-4.1이나 Claude 3.7 Sonnet 같은 최신 LLM은, 사전에 도구 명세가 제공된 경우 사용자 요청을 분석해 적절한 도구를 선택하고 MCP 형식(JSON)으로 요청을 생성할 수 있습니다.

이러한 기능 덕분에 도구 호출 과정이 자동화되고, 처리 효율성과 응답 품질 모두 한층 개선됩니다.

▼ 그림 2-14 MCP와 LLM

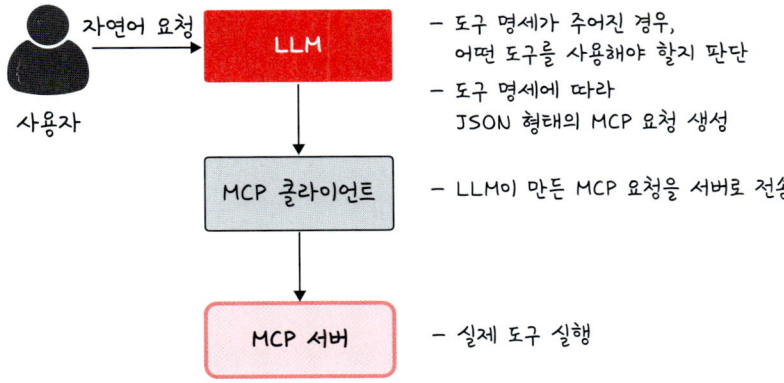

정리하면, LLM이 MCP를 직접 이해하지 않아도 MCP는 사용할 수 있지만, LLM이 MCP를 직접 지원하면 더욱 자연스럽고 강력한 도구 호출이 가능해집니다.

2.6 MCP의 기능적 한계

MCP는 LLM이 외부 도구와 구조화된 방식으로 상호작용할 수 있도록 설계된, 도구 호출을 위한 표준화된 통신 규격입니다. MCP는 기본적으로 도구 단위의 단일 호출에 최적화되어 있기 때문에, 도구 간의 순차 실행, 조건 분기, 결과 공유와 같은 복잡한 워크플로 구성이 어렵습니다. 예를 들어

- 도구 A의 출력 결과를 도구 B의 입력으로 넘기거나
- 여러 도구를 조합해 하나의 작업을 완성하려면

개발자가 별도의 로직이나 중간 처리를 직접 구현해야 합니다.

또한 MCP에서는 각 도구가 독립적으로 정의되기 때문에, 입력·출력 스펙이 일치하지 않으면 호출 실패나 잘못된 결과가 발생할 수 있습니다. 예를 들어

- 입력값 타입이 정의되지 않았거나
- 출력 형식에 대한 설명이 불충분할 경우

LLM이 도구를 인식하지 못하거나 오작동할 수 있습니다.

전송 방식의 제약

MCP는 현재 대표적으로 Stdio와 SSE 방식을 지원하지만 각각 다음과 같은 제약이 있습니다.

- **Stdio**: 로컬 환경에서는 유용하지만, 웹이나 모바일 환경에는 부적합합니다.
- **SSE**: 서버에서 클라이언트로 데이터를 지속적으로 푸시하는 단방향 스트리밍 방식이기 때문에, 클라이언트에서 서버로 실시간 데이터를 전송해야 하는 경우에는 적합하지 않습니다.

2.7 MCP의 보안 취약성

모든 기술이 그러하듯 MCP에도 기능적 제약과 잠재적인 보안 취약점이 있으며, 실제 시스템에 적용할 때 반드시 고려해야 할 요소들이 있습니다. MCP 서버는 /messages/ 같은 엔드포인트를 외부에 노출하는 구조이므로, 인증 없이 접근이 가능할 경우 보안상 심각한 문제가 발생할 수 있습니다.

- 누구나 엔드포인트에 접근해 도구를 무단 호출할 수 있으며,
- 시스템 명령어 실행 도구가 노출된 경우, 치명적인 보안 사고로 이어질 수 있습니다.

사용자 입력 검증 부족

도구가 사용자 입력을 별도의 필터링 없이 처리할 경우 다음과 같은 위협에 노출될 수 있습니다.

- 명령어 주입
- 파일 시스템 접근
- 악성 코드 실행

예를 들어 `rm -rf /`처럼 모든 파일을 삭제하는 위험한 명령어가 도구에 그대로 전달되면, 컴퓨터 안의 중요한 파일이 모두 삭제되어 시스템이 망가질 수 있습니다.

도구 간 인증 및 권한 관리 부족

여러 MCP 서버와 도구가 연결된 복합 환경에서는 도구 간 상호 인증 및 신뢰 기반 설정이 부족할 경우, 다음과 같은 문제가 발생할 수 있으며 전체 시스템의 보안 취약점으로 이어질 수 있습니다.

- 중간자 공격(Man-In-The-Middle Attack, MITM)[4]
- 도구 간 무단 호출

민감한 정보의 로그 노출

MCP는 요청과 응답 데이터를 로그로 기록하는 구조를 갖고 있습니다. 따라서 별도의 필터링 없이 로그를 저장할 경우, 사용자 개인정보, 시스템 내부 정보 등 민감한 데이터가 노출될 위험이 있습니다.

---

[4] 사용자와 서버 사이의 통신 과정에 공격자가 몰래 끼어들어 데이터를 가로채거나 조작하는 공격 방식

2부

실습 환경 준비하기

3장	API 키 획득하기
4장	클로드 데스크톱 준비하기
5장	커서 준비하기
6장	커서 사용해보기

CHAPTER 3

API 키 획득하기

SECTION 1	OpenAI API
SECTION 2	Tavily API
SECTION 3	Brave Search API
SECTION 4	구글 지도 API

3.1 OpenAI API

OpenAI의 LLM은 방대한 데이터로 학습해 자연어를 이해하고 생성할 수 있는 인공지능 언어 모델입니다. 가장 먼저 OpenAI 키를 받겠습니다. 다음 단계를 잘 따라와주세요.

1. OpenAI 웹사이트에 접속합니다.

    https://platform.openai.com/

2. 접속한 웹사이트의 오른쪽 상단을 보면 **Log in / Sign up** 버튼이 있습니다. 계정이 있다면 **Log in**을, 계정이 없다면 **Sign up**을 클릭하여 회원가입부터 진행합니다.

    ▼ 그림 3-1 'Sign up' 클릭

    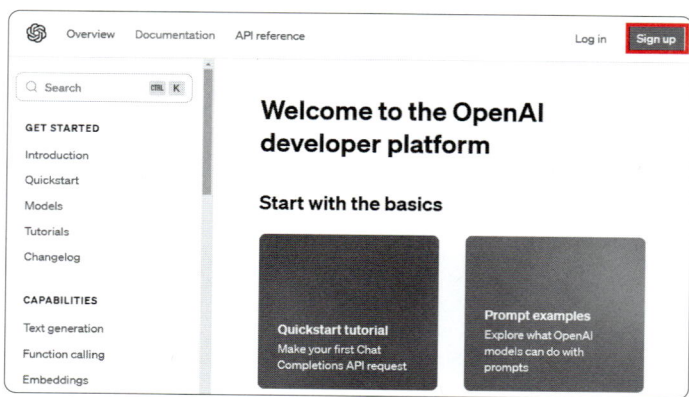

3. 이미 계정이 있거나, 회원가입이 완료되었으면 **Log in** 버튼을 클릭합니다. 다음과 같이 계정을 입력할 수 있는 화면이 나타나면, 계정을 입력하고 **Continue** 버튼을 클릭합니다.

▼ 그림 3-2 계정 입력 화면

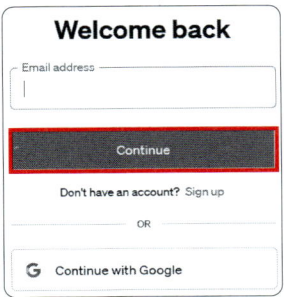

4. 로그인한 뒤 첫 페이지 오른쪽 상단에 있는 **Dashboard**를 클릭합니다.

▼ 그림 3-3 'Dashboard' 클릭

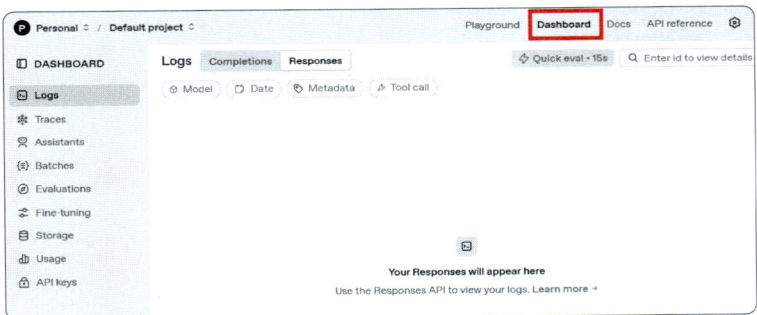

5. 왼쪽 메뉴에서 **API keys**를 클릭합니다.

▼ 그림 3-4 'API keys' 클릭

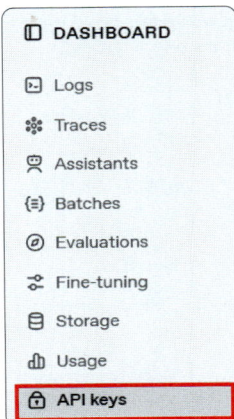

6. 그러면 API 키를 생성할 수 있는 화면이 나옵니다. **Create new secret key**를 클릭합니다.

▼ 그림 3-5 'Create new secret key' 클릭

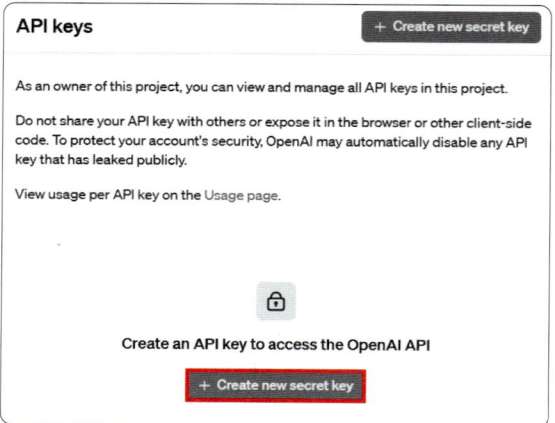

> **노트**
>
> **이미 생성해 놓은 키가 있다면?**
>
> 발급받은 키가 있는 경우 다음과 같이 키 목록이 나타납니다. 추가로 생성할 필요 없이 기존의 키를 사용해도 됩니다.
>
> ▼ 그림 3-6 기존의 키 목록
>
>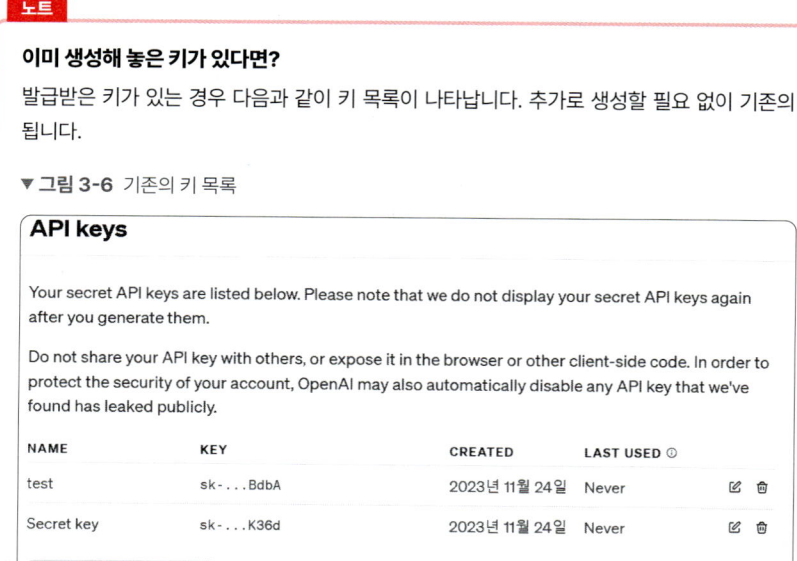

> **노트**
>
> ### 만약 'Create new secret key'가 비활성화되어 있다면?
>
> 다음 화면에서 안내하는 것과 같이 **Start verification**을 클릭하여 전화 인증을 해야 합니다.
>
> ▼ 그림 3-7 'Start verification' 클릭
>
>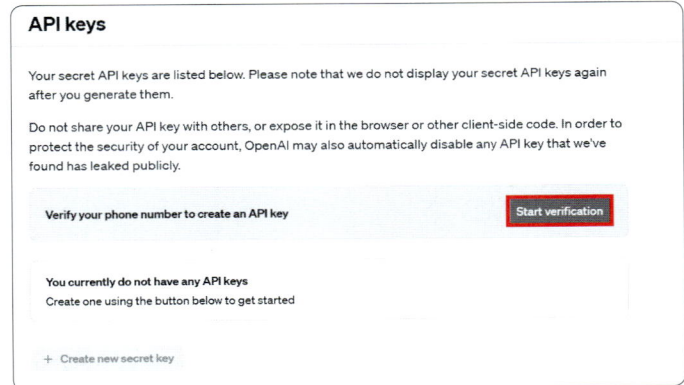
>
> 사용 중인 전화번호를 입력합니다.
>
> ▼ 그림 3-8 전화번호 입력
>
>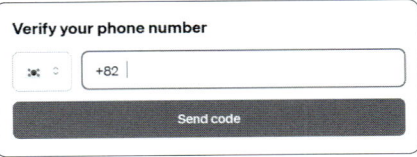
>
> 핸드폰으로 인증 코드를 받아서 인증을 완료합니다. 이후 다음과 같은 문구가 나타납니다. 해당 전화번호가 이미 등록되어 있다는 메시지입니다. **Continue**를 클릭합니다.
>
> ▼ 그림 3-9 'Continue' 버튼 클릭
>
>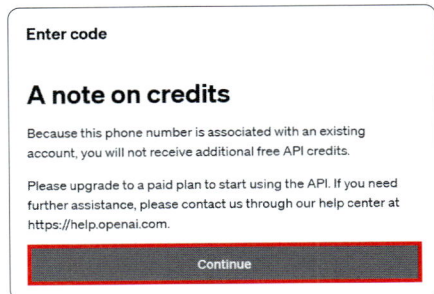
>
> 그러면 **Create new secret key** 버튼이 활성화됩니다.

7. 원하는 이름으로 키 이름을 입력한 후에 **Create secret key** 버튼을 클릭합니다.

▼ **그림 3-10** 키 이름 입력

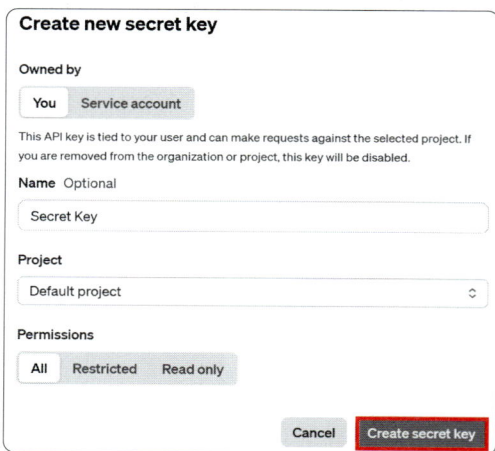

8. 다음과 같이 'sk…'로 시작하는 새로운 키가 생성됩니다. 생성된 키를 복사해서 다른 곳(**예** 메모장)에 저장한 후 **Done**을 클릭합니다.

▼ **그림 3-11** OpenAI API 키 생성

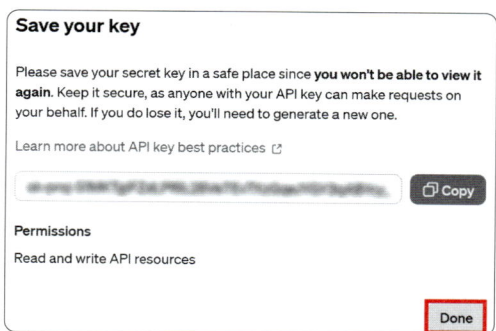

9. OpenAI API 키를 발급받았습니다. 생성된 키는 코드의 'sk…' 부분에 입력하면 됩니다. API 키가 없다면 코드가 동작하지 않으니 코드를 잘 보고 해당 부분에 꼭 넣어주세요.

```
import os
os.environ["OPENAI_API_KEY"] = "sk..."    # openai API 키 입력
```

3.2 Tavily API

다음으로 검색 엔진으로 사용하는 Tavily API 키를 받겠습니다. Tavily API는 웹 검색 결과를 실시간으로 가져와 요약·정리해주는 LLM용 검색 API입니다.

1. 다음 URL에 접속합니다.

   https://app.tavily.com/home

2. **Sign up**을 클릭합니다.

   ▼ 그림 3-12 'Sign up' 클릭

   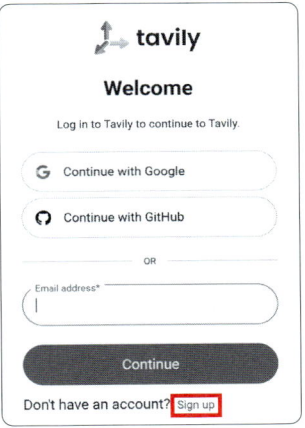

3. **Continue with Google**을 클릭합니다. 만약 구글 계정이 없다면 생성한 뒤 진행해주세요.

   ▼ 그림 3-13 'Continue with Google' 클릭

   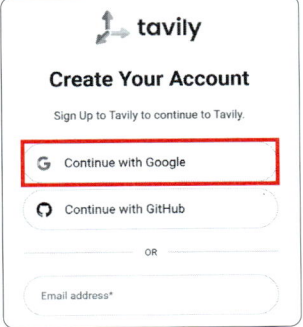

4. 사용 중인 구글 계정(이메일)을 입력한 후 **다음**을 클릭합니다.

   ▼ **그림 3-14** 구글 계정(이메일) 입력

   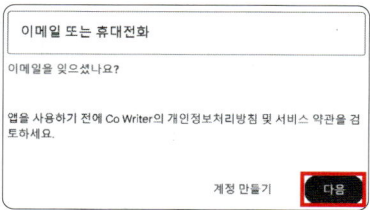

5. 비밀번호를 입력한 후 **다음**을 클릭합니다.

   ▼ **그림 3-15** 비밀번호 입력

   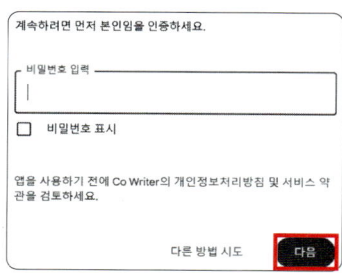

6. 진행 중에 auth0.com 서비스와 내 정보가 공유된다는 다음 단계가 나타난다면 **계속**을 클릭합니다. **취소**를 클릭하면 더 이상 진행되지 않습니다.

   ▼ **그림 3-16** 서비스 공유

   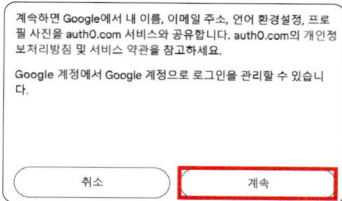

7. 그럼 다음과 같이 API 키가 생성됩니다. 키 부분을 클릭하여 할당된 키를 복사합니다. 복사한 키는 다른 곳( 메모장)에 저장하여 보관합니다.

▼ 그림 3-17 API 키 획득

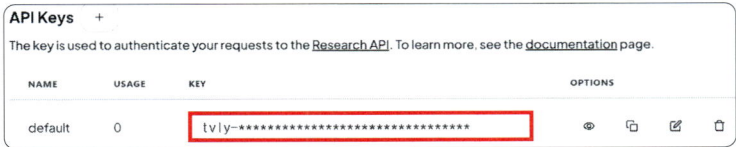

3.3 SECTION / Brave Search API

Brave Search는 사용자의 정보를 수집하지 않으면서 필요한 정보를 찾아주는 안전하고 빠른 검색 엔진입니다. Brave Search API 키를 받아보겠습니다.

1. 다음 URL에 접속합니다.

   https://api-dashboard.search.brave.com/app/keys

2. **Sign up**을 클릭합니다.

   ▼ 그림 3-18 'Sign up' 클릭

   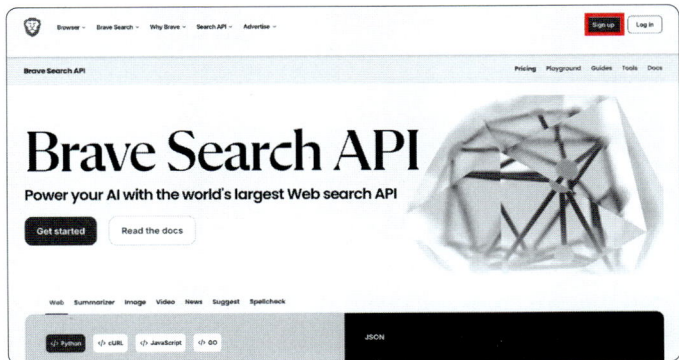

chapter 3 API 키 획득하기 **069**

3. 각 항목을 입력한 후 **Register** 버튼을 클릭합니다.

    ▼ **그림 3-19** 'Register' 클릭

    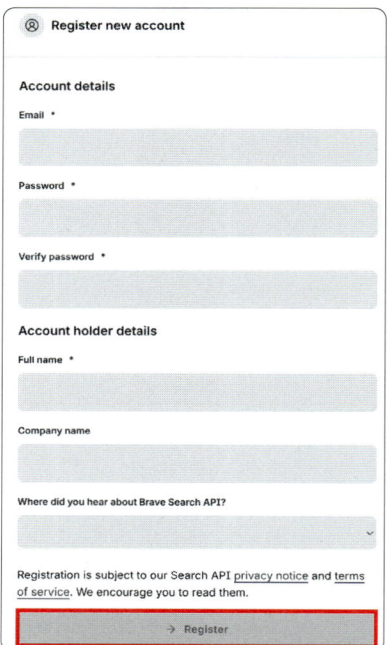

4. 입력한 메일 주소로 이메일을 보냈다는 안내가 나옵니다.

    ▼ **그림 3-20** 계정 활성화를 위한 이메일 전송 안내

    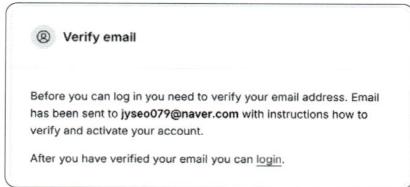

5. 앞에서 입력한 이메일로 이동한 후 Brave로부터 받은 이메일을 열고 **Verify Email**을 클릭합니다.

   ▼ **그림 3-21** 'Verify Email' 클릭

   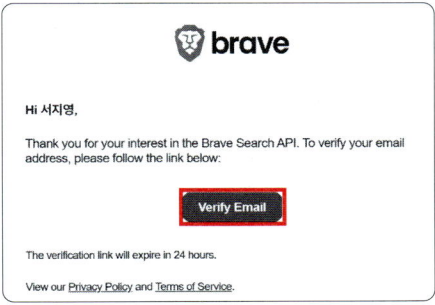

6. **login**을 클릭합니다.

   ▼ **그림 3-22** 'login' 클릭

   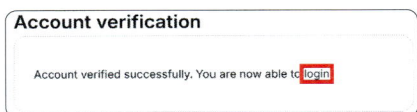

7. 앞에서 입력한 Email과 Password를 입력한 후 **Login**을 클릭합니다.

   ▼ **그림 3-23** Email과 Password 입력 후 'Login' 클릭

   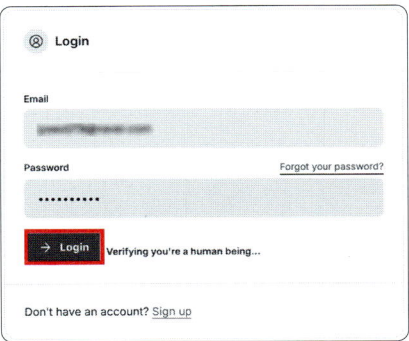

8. 그러면 다음과 같이 코드를 입력하라는 화면으로 변경됩니다.

▼ 그림 3-24 코드가 전달되었다는 안내

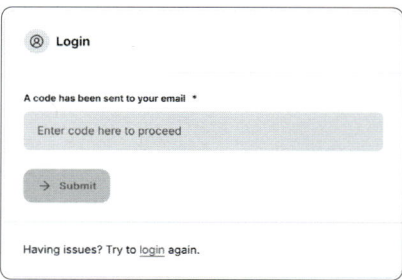

9. 다시 앞에서 입력한 이메일로 이동하면 Brave에서 이메일이 와 있습니다. 클릭하면 다음과 같은 코드가 보입니다.

▼ 그림 3-25 이메일로 이동하여 코드 확인

10. 코드를 입력한 후 **Submit**을 클릭합니다.

▼ 그림 3-26 코드 입력 후 'Submit' 클릭

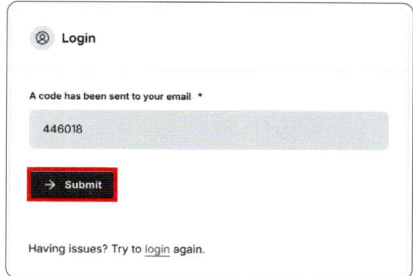

11. Brave 웹사이트로 접속합니다. 왼쪽 메뉴에서 **Subscriptions**를 클릭합니다. 이후 Free 항목의 **Subscribe** 버튼을 클릭합니다.

   ▼ 그림 3-27 'Subscriptions' 클릭

   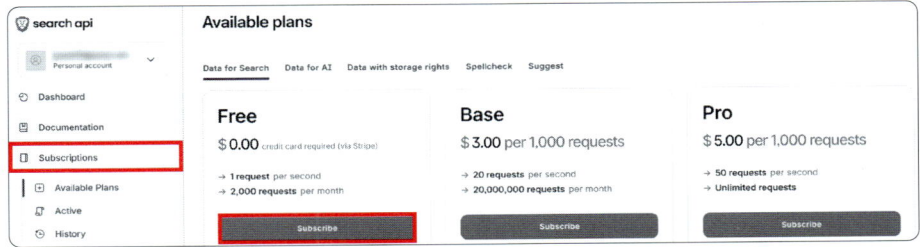

12. 체크박스를 선택한 후 **Subscribe**를 클릭합니다.

   ▼ 그림 3-28 'Subscribe' 클릭

   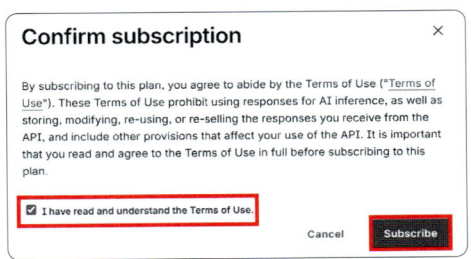

13. 결제 화면이 뜨면 카드 정보를 입력한 후 **카드 저장**을 클릭합니다.

   ▼ 그림 3-29 카드 정보 입력

chapter 3 API 키 획득하기   **073**

14. 그러면 다음과 같이 Free 항목의 Subscribed만 흰색으로 변경됩니다.

▼ 그림 3-30 Subscription 확인

15. 왼쪽 메뉴의 **API Keys**를 선택한 후 오른쪽 상단에 **+ Add API key** 버튼을 클릭합니다.

▼ 그림 3-31 '+ Add API key' 클릭

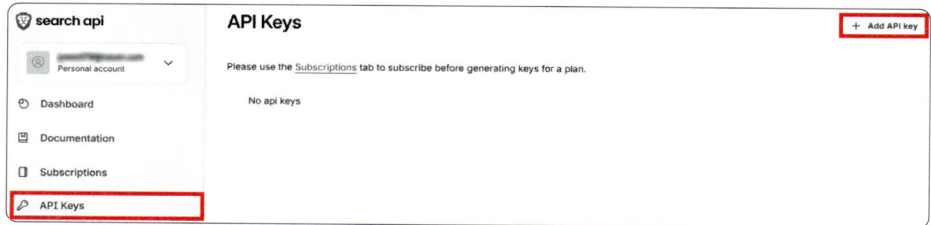

16. 다음과 같이 이름을 입력한 후 **Add** 버튼을 클릭합니다.

▼ 그림 3-32 'Add' 클릭

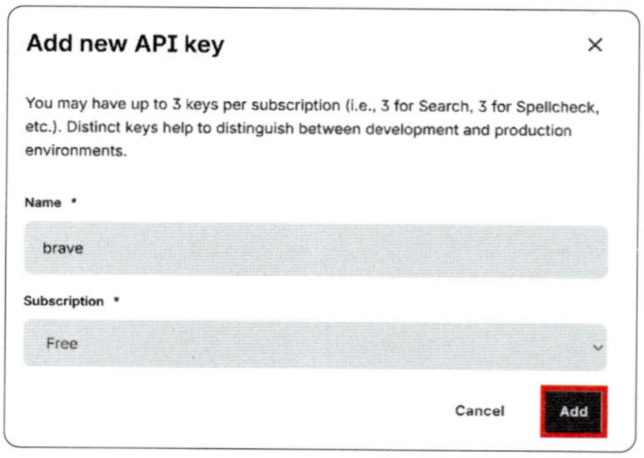

17. API 키가 생성되었습니다. **Copy** 버튼을 클릭하여 키를 복사한 뒤 다른 곳(예 메모장)에 저장하여 보관합니다.

▼ 그림 3-33 키 저장

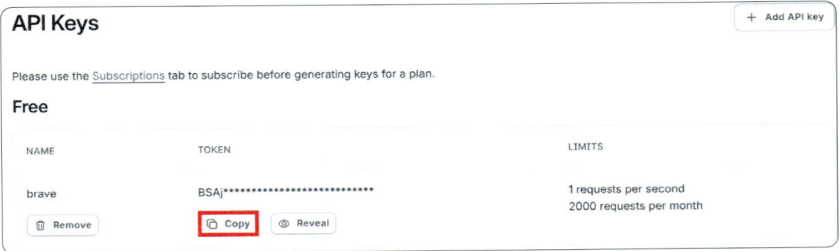

3.4 SECTION 구글 지도 API

이번에 준비할 것은 구글 지도 MCP 서버입니다. 구글 지도는 지도 보기, 길 찾기, 주변 장소 검색 등을 제공하는 구글의 지도 서비스입니다.

1. 다음 단축 URL(혹은 QR 코드)에 접속합니다.

https://gilbut.co/c/25042007VW

2. 서비스 약관에 있는 두 개의 체크박스를 체크한 후 **동의 및 계속하기**를 클릭합니다.

▼ 그림 3-34 '동의 및 계속하기' 클릭

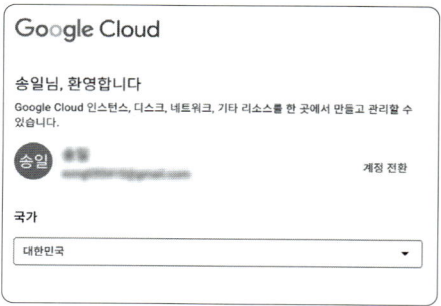

3. **프로젝트 만들기**를 클릭합니다.

▼ 그림 3-35 '프로젝트 만들기' 클릭

4. 프로젝트 이름을 지정한 후 **만들기**를 클릭합니다.

▼ 그림 3-36 '만들기' 클릭

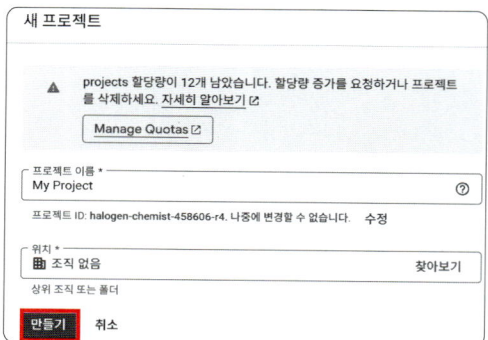

5. **계정 설정 완료**를 클릭합니다.

▼ 그림 3-37 '계정 설정 완료' 클릭

> **노트**
>
> 계속 진행 중으로 나온다면 **새로고침**을 해주세요.
>
> ▼ 그림 3-38 새로고침
>
>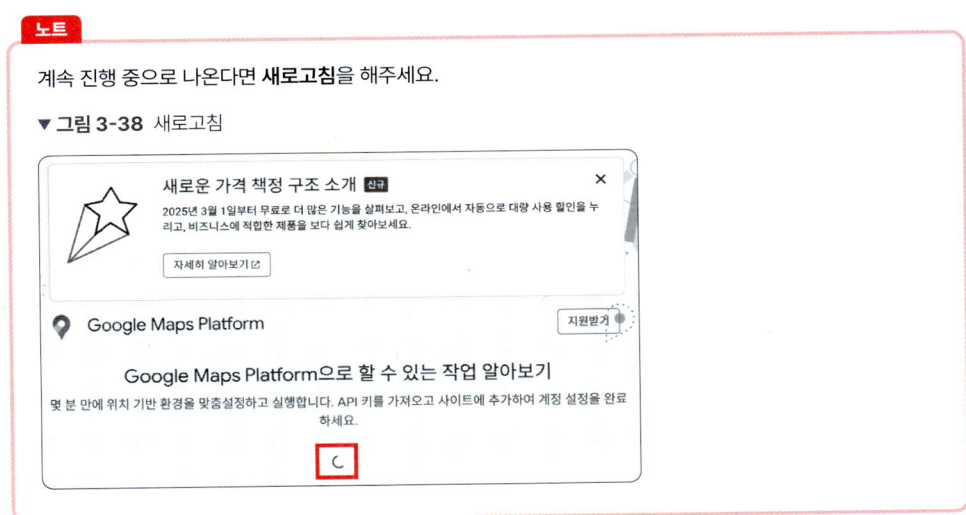

6. 다음과 같이 항목을 채운 후 **제출**을 클릭합니다.

▼ 그림 3-39 '제출' 클릭

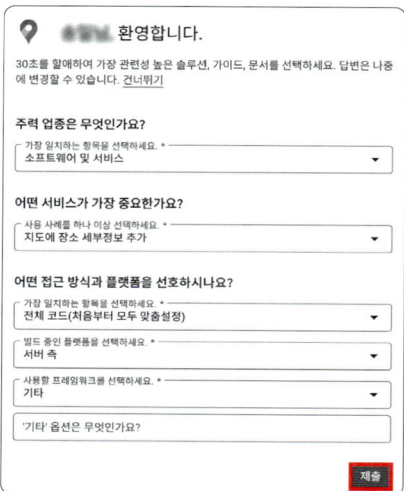

7. 서비스 약관의 체크박스 두 곳을 체크한 후 **계속**을 클릭합니다.

▼ 그림 3-40 '계속' 클릭

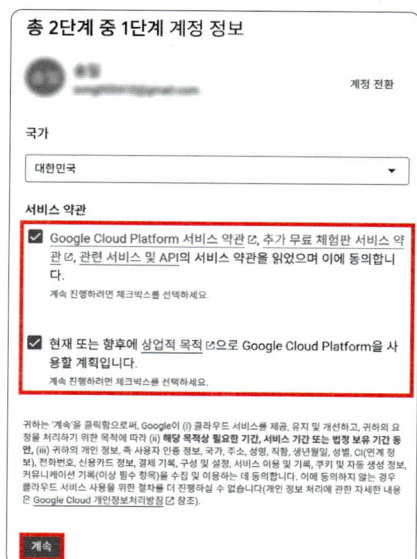

8. 계좌 유형에 **개인**을 선택한 후 **계속**을 클릭합니다.

▼ 그림 3-41 '계속' 클릭

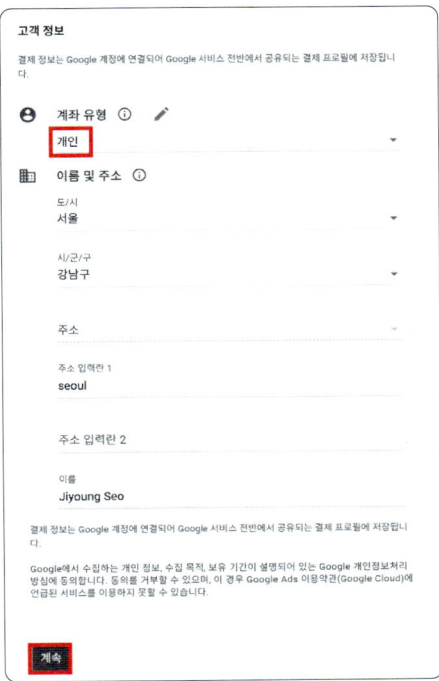

9. 다음 정보를 입력한 후 **코드 전송**을 클릭합니다. 휴대폰으로 전송된 인증 코드를 입력하면 자동으로 다음 화면으로 이동합니다.

▼ 그림 3-42 정보 입력 후 코드 전송

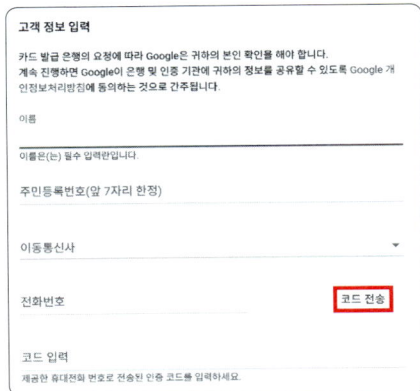

10. 카드 번호, 비밀번호, 유효 기간을 입력한 후 **무료로 시작하기**를 클릭합니다.

▼ 그림 3-43 '무료로 시작하기' 클릭

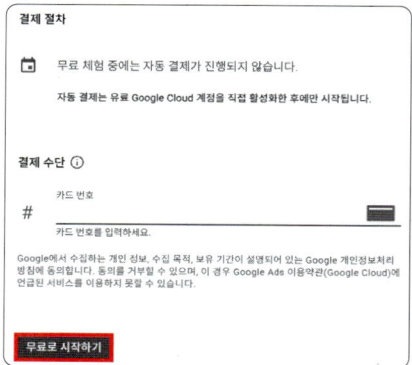

11. 그러면 다음과 같이 API 키를 보여줍니다. 복사하여 메모장에 저장해두고 **Google Maps Platform으로 이동**을 클릭합니다.

▼ 그림 3-44 'Google Maps Platform으로 이동' 클릭

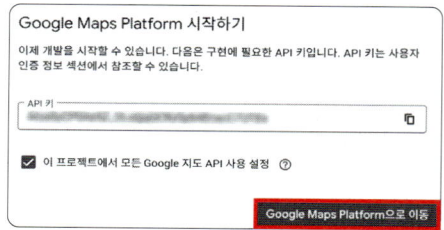

12. 이후 API 키 보호 화면이 나타납니다. 학습 용도이기 때문에 **나중에**를 클릭합니다.

▼ 그림 3-45 '나중에' 클릭

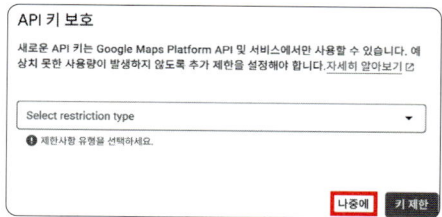

13. 그러면 다음과 같은 화면이 나타납니다.

▼ **그림 3-46** 설정이 완료된 화면

이제 API 키 준비는 끝났습니다. 다음 장에서는 클로드 데스크톱을 설치해보겠습니다.

CHAPTER 4

클로드 데스크톱 준비하기

SECTION 1   Node.js 설치하기

SECTION 2   클로드 데스크톱 설치하기

이 장에서는 클로드 데스크톱을 설치할 예정이며, 이를 위해 먼저 Node.js가 필요합니다. Node.js는 자바스크립트를 브라우저 없이도 실행할 수 있게 해주는 실행 환경으로, 서버를 만들거나 데이터를 빠르고 효율적으로 주고받을 수 있도록 도와줍니다.

그럼, Node.js부터 설치해보겠습니다.

Node.js 설치하기

1. 다음 URL에 접속합니다.

   https://nodejs.org/ko/download

2. **Windows 설치 프로그램(.msi)**을 클릭합니다.

   ▼ 그림 4-1 'Windows 설치 프로그램' 클릭

   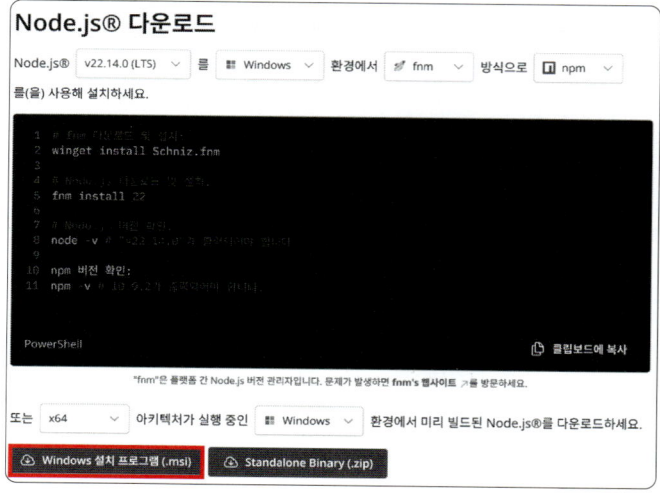

3. 다운로드가 완료되면 해당 위치로 이동하여 **node-v22.14.0-x64.msi** 파일을 더블 클릭하면 설치 대화상자가 나타납니다. **Next**를 클릭합니다.

▼ 그림 4-2 node-v22.14.0-x64.msi

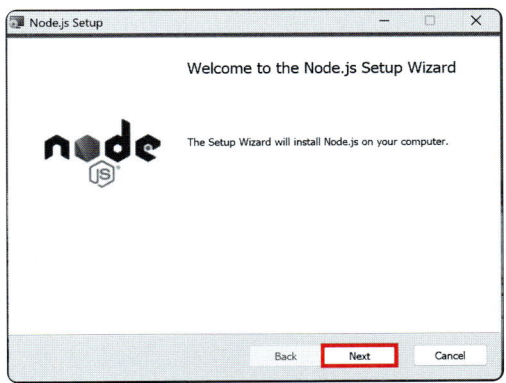

4. 라이선스 계약에 동의한다는 체크박스를 선택한 후 **Next**를 클릭합니다.

▼ 그림 4-3 'Next' 클릭

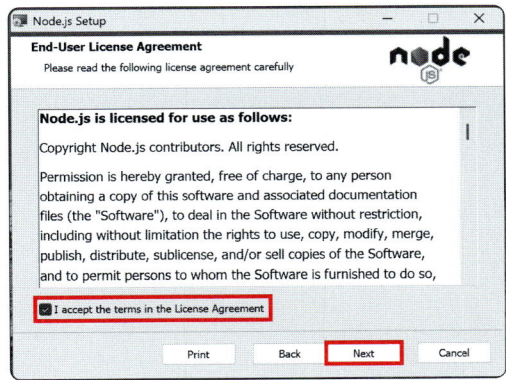

5. 설치 위치를 선택한 후 **Next**를 클릭합니다. 이 책에서는 기본 위치 그대로 두었습니다.

▼ 그림 4-4 'Next' 클릭

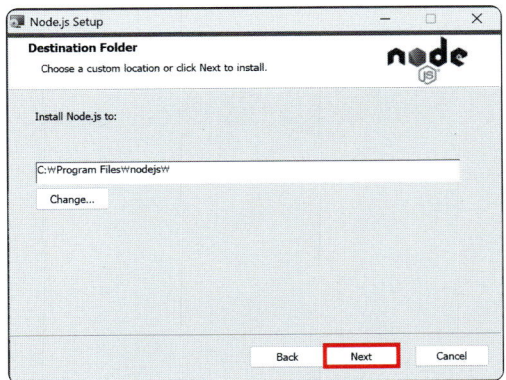

6. 설치할 기능들을 선택할 수 있는 화면이 나옵니다. 기본 상태에서 **Next**를 클릭합니다.

▼ 그림 4-5 'Next' 클릭

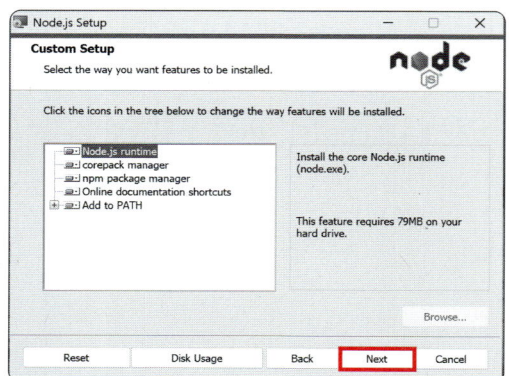

7. Node.js에서 특정 기능을 사용하기 위해서는 추가 도구가 필요한 경우가 있는데, 그 도구들도 함께 설치할지 물어보는 화면입니다. 체크박스를 선택한 후 **Next**를 클릭합니다.

▼ 그림 4-6 'Next' 클릭

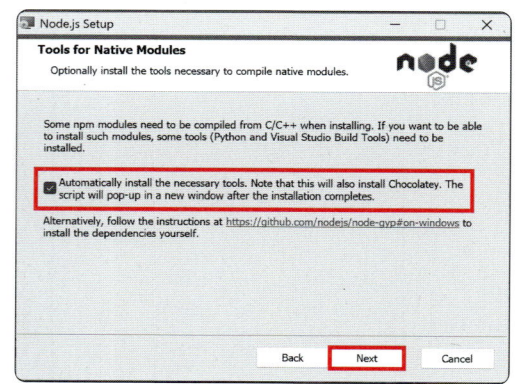

8. **Install**을 클릭하면 설치가 시작됩니다.

▼ 그림 4-7 'Install' 클릭

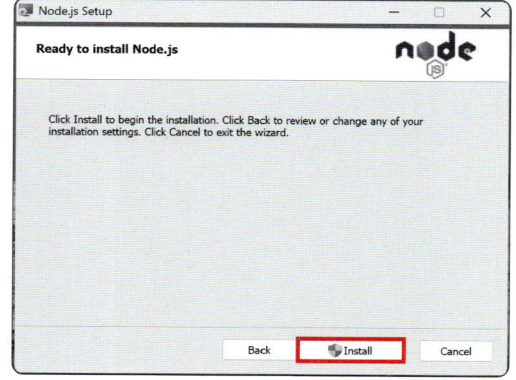

9. 설치가 끝나면 **Finish**를 클릭합니다.

▼ **그림 4-8** 'Finish' 클릭

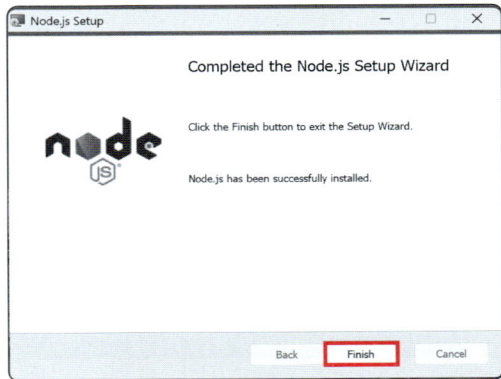

10. 그러면 다음과 같이 명령 프롬프트 창이 나타나는데 보이는 것과 같이 아무 키(예 Enter 키)를 누릅니다.

▼ **그림 4-9** 명령 프롬프트 창에서 키 누름

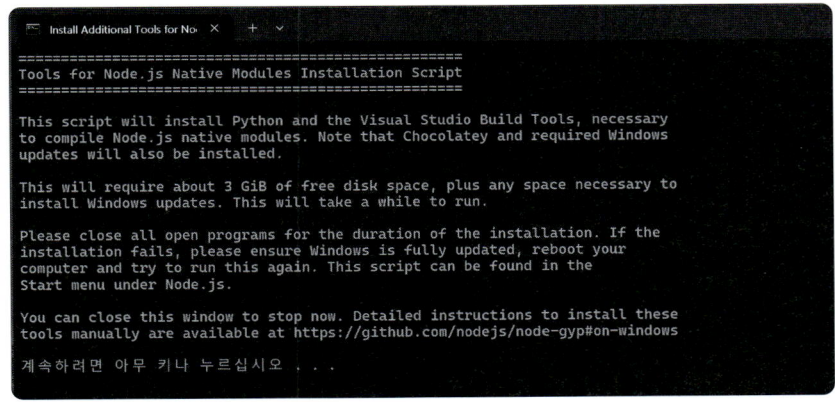

11. '이 앱이 디바이스를 변경할 수 있도록 허용하시겠어요?'라는 창이 뜨면 **예**를 클릭합니다.

▼ **그림 4-10** '예' 클릭

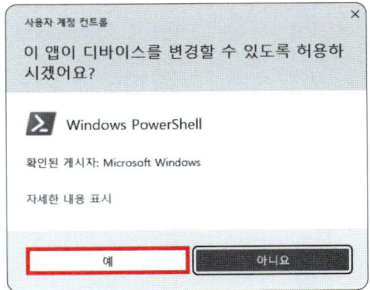

12. 그러면 Windows PowerShell 창이 나타나고, 설치가 시작됩니다. 5~10분 정도의 시간이 소요됩니다. 컴퓨터 환경에 따라 11번에서 끝날 수도 있고, 다음과 같이 Windows PowerShell이 실행될 수도 있습니다.

▼ 그림 4-11 설치 과정

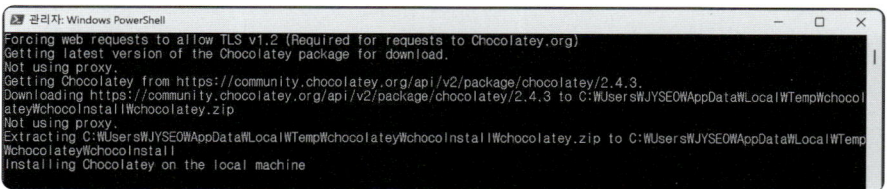

13. 설치가 끝나면 Enter 키를 클릭합니다. 설치 중간에 오류가 발생했다는 로그들이 나타날 수 있는데, 14에서 버전이 표시된다면 정상적으로 설치된 것입니다.

▼ 그림 4-12 Enter 키 누름

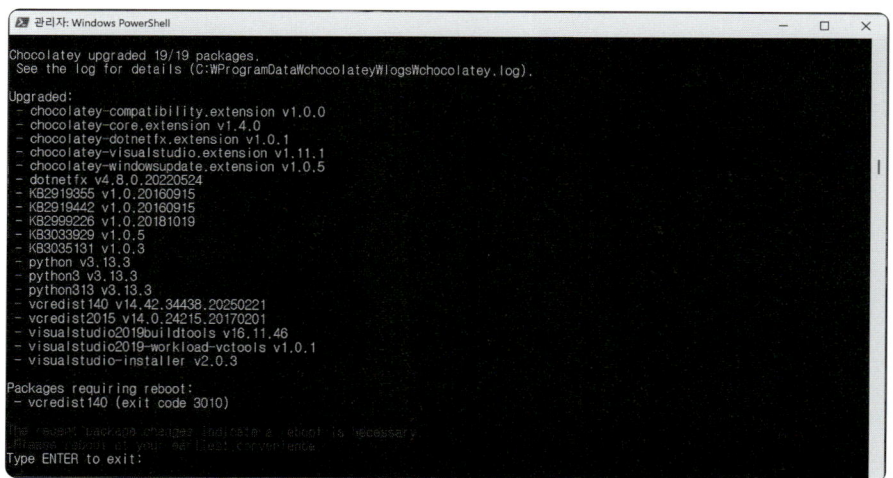

14. 명령 프롬프트를 열어서 node -v를 입력한 후 Enter 키를 클릭합니다. 그러면 버전 정보를 보여주는데 다음과 같이 보인다면 Node.js가 정상적으로 설치된 것입니다.

▼ 그림 4-13 Node.js 설치 확인

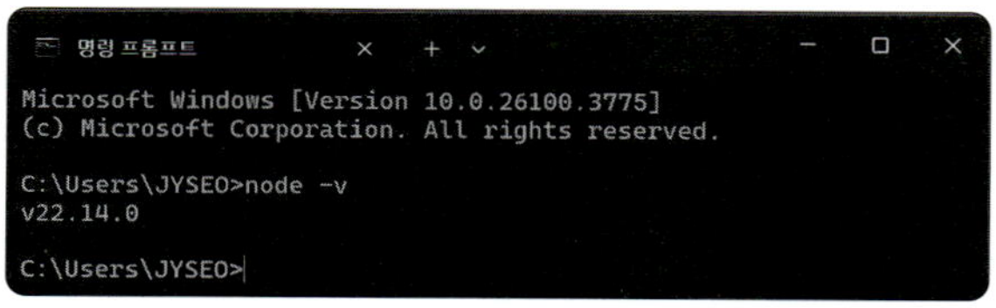

4.2 클로드 데스크톱 설치하기

이제 클로드 데스크톱을 설치해보겠습니다.

1. 설치 파일을 내려 받기 위해 다음 URL에 접속합니다.

   https://claude.ai/download

2. **Windows**를 클릭합니다. macOS를 사용 중이라면 **macOS**를 선택합니다.

   ▼ 그림 4-14 'Windows' 클릭

   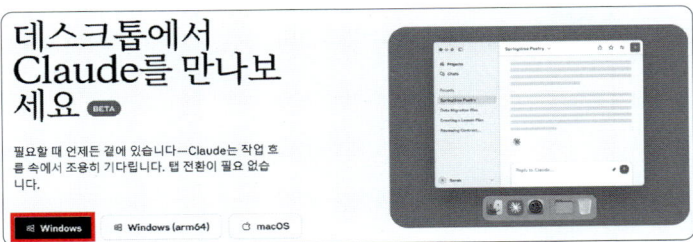

3. 다운로드가 완료되면 해당 위치로 이동하여 Claude-Setup-x64.exe 파일을 더블 클릭합니다. 창이 뜨면 **시작하기**를 클릭합니다.

   ▼ 그림 4-15 '시작하기' 클릭

   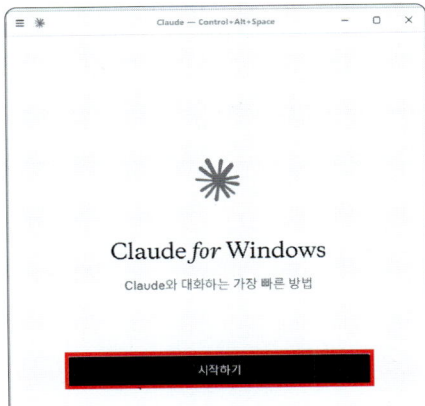

4. 로그인합니다. 이 책에서는 **Google로 계속하기**를 클릭하겠습니다.

▼ **그림 4-16** 'Google로 계속하기' 클릭

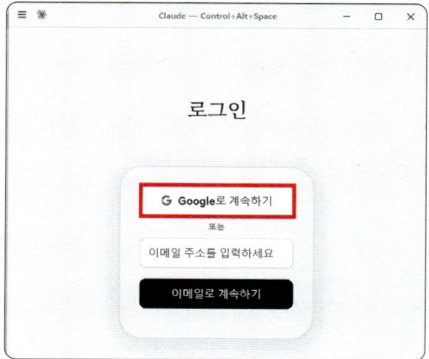

5. 브라우저 창이 열립니다. **Google로 계속하기**를 클릭합니다.

▼ **그림 4-17** 'Google로 계속하기' 클릭

6. 사용 중인 계정이 있다면 다음과 같이 선택할 수 있게 보여줍니다. 사용하려는 이메일 계정을 클릭합니다. 만약 다음 화면과 같지 않다면 사용 중인 계정과 패스워드를 입력합니다.

▼ **그림 4-18** 계정 선택 혹은 입력

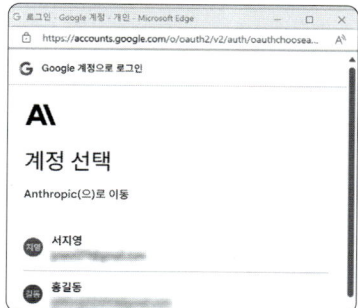

7. 계정을 확인한 후 **계속**을 클릭합니다.

▼ 그림 4-19 '계속' 클릭

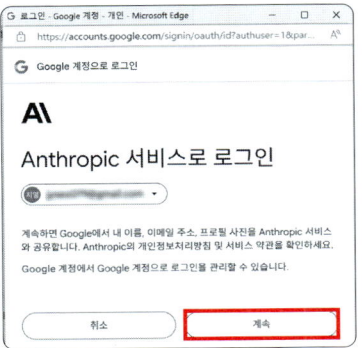

8. 웹 브라우저에 다음과 같이 클로드를 열겠다는 팝업창이 뜨면 체크박스를 선택한 후 **열기**를 클릭합니다.

▼ 그림 4-20 '열기' 클릭

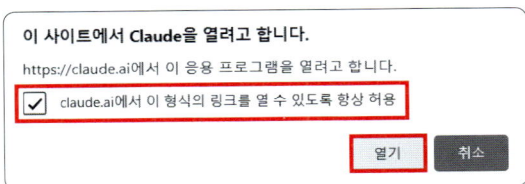

9. 계정을 만들라는 창이 뜨면 국가를 한국으로 바꾼 후 자신의 전화번호를 입력합니다. 이후 체크박스를 모두 체크한 후 **인증 코드 전송**을 클릭합니다. 환경에 따라 설치 과정이 다를 수 있습니다. 하지만 전반적인 과정은 유사하니 다음 과정을 참고하여 설치를 진행해주세요.

▼ 그림 4-21 '인증 코드 전송' 클릭

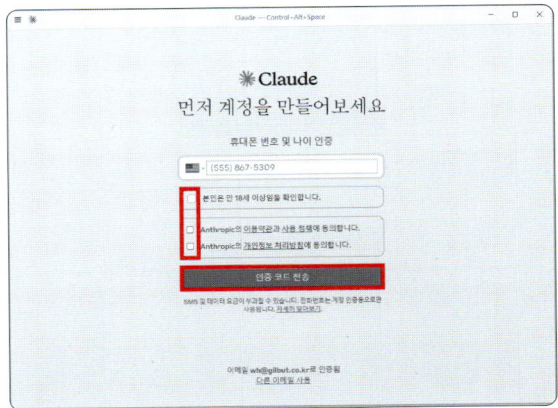

10. 휴대폰으로 인증 코드가 전송되면, 해당 코드를 입력한 후 **인증 및 계정 생성**을 클릭합니다.

▼ **그림 4-22** '인증 및 계정 생성' 클릭

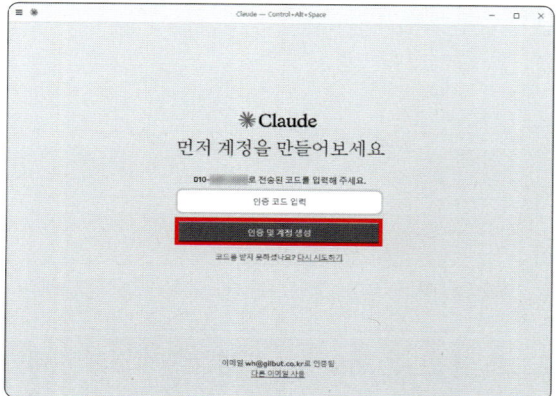

11. 실습은 개인 단위로 진행되기 때문에 **개인 사용**을 클릭합니다.

▼ **그림 4-23** '개인 사용' 클릭

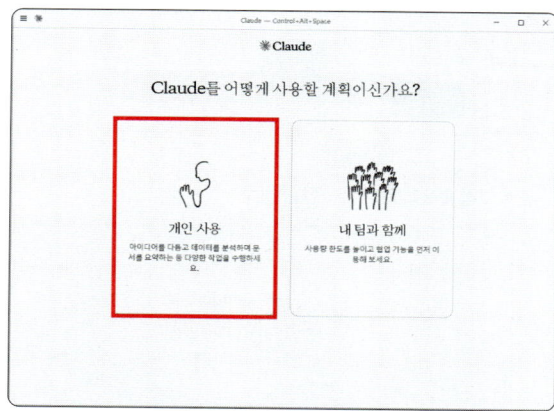

12. 다음으로 플랜 선택 화면이 나오면 Free 부분의 **무료 플랜 유지하기**를 클릭합니다.

▼ 그림 4-24 '무료 플랜 유지하기' 클릭

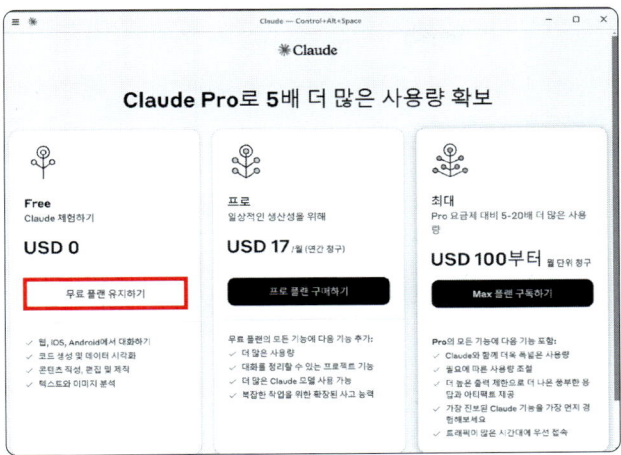

13. 클로드 소개가 나오면 **이해했습니다**를 클릭합니다.

▼ 그림 4-25 '이해했습니다' 클릭

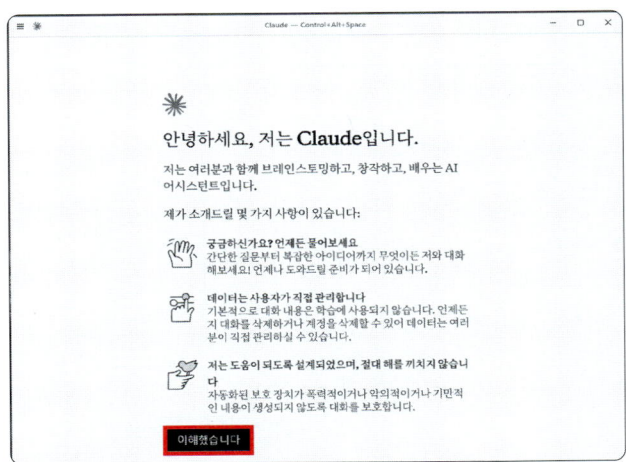

14. 자신의 이름 혹은 닉네임을 입력한 후 ↑ 버튼을 클릭합니다.

▼ **그림 4-26** '↑' 클릭

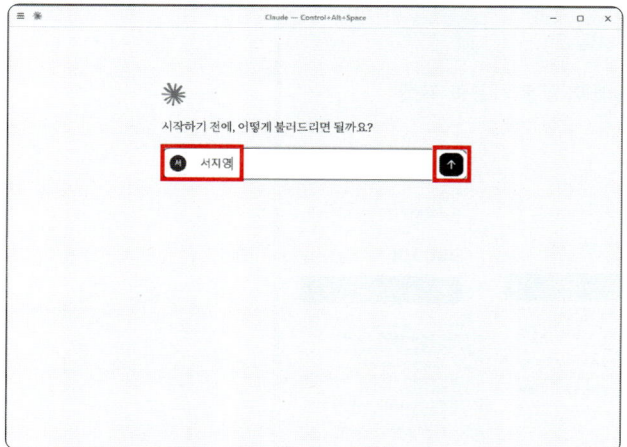

15. 관심 사항을 선택한 후 **시작해볼까요**를 클릭합니다. 책에서는 임의로 하나를 선택했습니다. 중요하지 않으니 어떤 것을 선택해도 상관없습니다.

▼ **그림 4-27** '시작해볼까요' 클릭

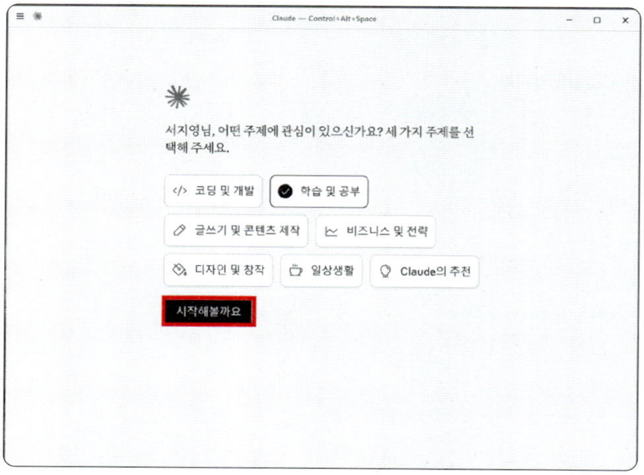

16. 다음과 같은 화면이 나타납니다. 역시 임의로 선택해보겠습니다.

▼ **그림 4-28** 임의로 하나 선택

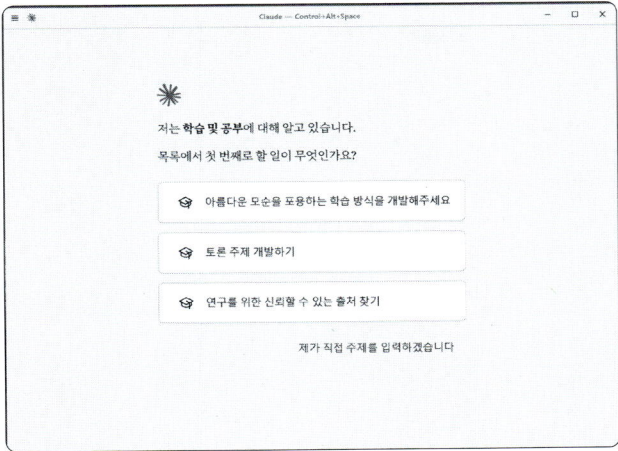

17. 다음과 같이 답변과 함께 메인 페이지가 나옵니다.

▼ **그림 4-29** 메인 페이지

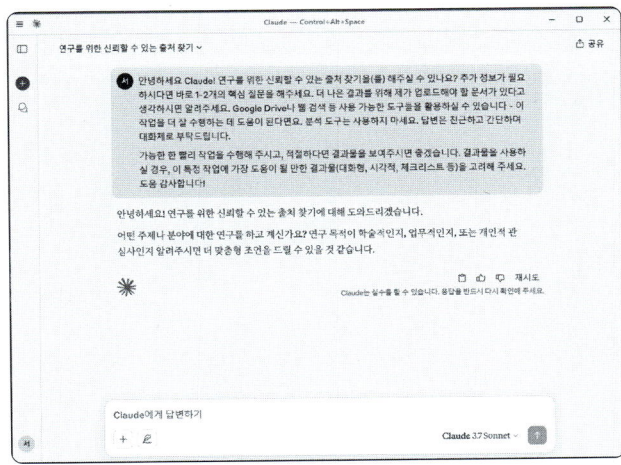

이것으로 클로드 데스크톱 설치를 마쳤습니다. 다음 장에서는 커서를 설치하고 사용 방법을 알아보겠습니다.

CHAPTER 5

커서 준비하기

SECTION 1	커서가 무엇인가요?
SECTION 2	파이썬 설치하기
SECTION 3	커서 설치하기

5.1 커서가 무엇인가요?

커서는 단순한 코드 편집기가 아니라, 코드를 이해하고 대화할 수 있는 AI 기반의 코드 편집기입니다. 챗GPT가 사람의 말을 이해하듯, 커서는 개발자의 코드를 이해하고 질문에 답하거나 코드를 생성하고 수정하는 등 다양한 방식으로 개발을 도와주는 도구입니다. 이로 인해 개발자는 코드 분석, 리팩터링[1], 새로운 기능 구현 등의 작업을 더욱 빠르고 효율적으로 수행할 수 있습니다.

▼ 그림 5-1 커서 로고

5.1.1 가격 정책

커서는 무료 버전도 제공하지만, 기본적으로 유료로 제공되고 있습니다. 둘의 차이점은 다음과 같습니다.

▼ 표 5-1 커서 가격 정책 및 기능 차이

항목	Hobby(무료)	Pro($20/월)	Business($40/인/월)
AI 코드 완성	2,000회/월	무제한	무제한
프리미엄 모델 사용 (GPT-4o, Claude 3.5 등)	50회/월(느린 응답)	500회/월(빠른 응답) + 무제한 느린 응답	Pro와 동일
추가 요청(사용량 초과 시)	불가	사용량 기반 과금 가능	사용량 기반 과금 가능
프라이버시 모드	X	X	조직 전체 적용 가능
팀 관리 기능	X	X	중앙 집중식 청구 및 관리자 대시보드
초기 무료 체험	Pro 기능 14일 체험(150회 프리미엄 요청 포함)	해당 없음	해당 없음

---

1 코드의 기능은 그대로 유지하면서, 구조나 가독성을 개선하는 작업

이 책에서는 MCP 사용에 대한 간단한 코드만 사용하기 때문에 무료 버전을 사용할 것입니다. 하지만 전문적인 개발자라면 Pro 이상의 버전이 필요할 수 있습니다.

 파이썬 설치하기

커서를 사용하기 위해서는 파이썬이 필요합니다. 따라서 먼저 파이썬부터 설치해보겠습니다.

1. 다음 URL에 접속하여 **Downloads** 탭에서 환경에 맞는 파일을 내려 받습니다.

    https://www.python.org/

    ▼ 그림 5-2 Downloads 탭

2. 예를 들어 상단 메뉴 중 **Windows**를 클릭하면, 다음과 같은 화면으로 이동합니다. 가장 상단의 링크를 클릭합니다.

    ▼ 그림 5-3 'Latest Python 3 Release-Python 3.13.3' 클릭

chapter 5 커서 준비하기 **099**

3. 그러면 다음과 같은 파일 목록이 나오는데, 스크롤을 아래로 내려 **Windows installer (64-bit)**를 클릭합니다.

▼ 그림 5-4 'Windows installer (64-bit)' 클릭

Version	Operating System	Description	MD5 Sum	File Size	GPG	Sigstore	SBOM
Gzipped source tarball	Source release		b3d8c043dcdd52d55d48769a95c8e7d1	28.0 MB	SIG	.sigstore	SPDX
XZ compressed source tarball	Source release		8bb5f0b8c9d9d7b87d7d98510e8d58e5	21.6 MB	SIG	.sigstore	SPDX
macOS 64-bit universal2 installer	macOS	for macOS 10.13 and later	0abf18242bb9aaa6ab52d49f48ad6c74	66.8 MB	SIG	.sigstore	
Windows installer (64-bit)	Windows	Recommended	be3264daeb8c5e08365492dd02908cfa	27.3 MB	SIG	.sigstore	SPDX
Windows installer (32-bit)	Windows		fd83ec01f90a1a051f856044b152fb72	26.0 MB	SIG	.sigstore	SPDX
Windows installer (ARM64)	Windows	Experimental	18bb07bd65e768ae1ab1e8a969d8224a	26.6 MB	SIG	.sigstore	SPDX
Windows embeddable package (64-bit)	Windows		9ca0271e8fe78de957dd57e980d74822	10.4 MB	SIG	.sigstore	SPDX
Windows embeddable package (32-bit)	Windows		207dceb2cd1bf153a23a8a4a1cbf1e8a	9.2 MB	SIG	.sigstore	SPDX
Windows embeddable package (ARM64)	Windows		0d6ea7392ff5e3dcb9bc75acf249aea4	9.7 MB	SIG	.sigstore	SPDX

4. 내려 받은 python-3.13.3-amd64.exe 파일에서 마우스 오른쪽 버튼을 클릭하여 **관리자 권한으로 실행**을 클릭합니다. 이후 '이 앱이 디바이스를 변경할 수 있도록 허용하시겠어요?'라고 묻는다면 **예**를 클릭합니다.

▼ 그림 5-5 관리자 권한으로 실행

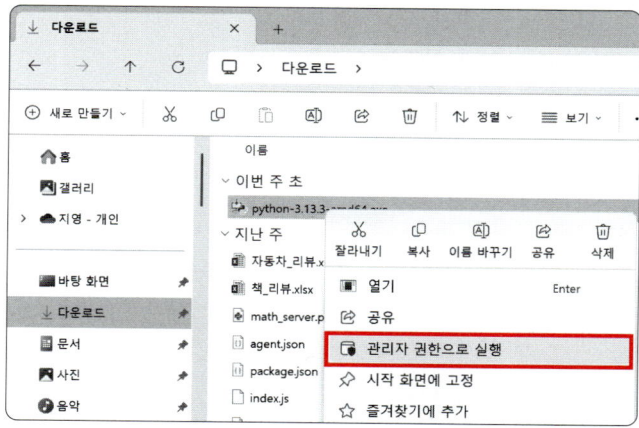

5. 다음과 같이 체크박스에 체크한 후 **Customize installation**을 클릭합니다.

▼ 그림 5-6 'Customize installation' 클릭

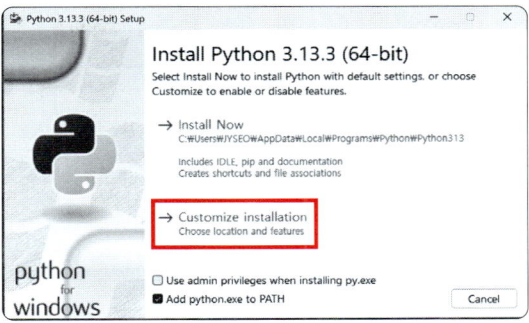

6. 설치할 기능에 대한 내용이 나옵니다. 기본 상태에서 **Next**를 클릭합니다.

▼ 그림 5-7 'Next' 클릭

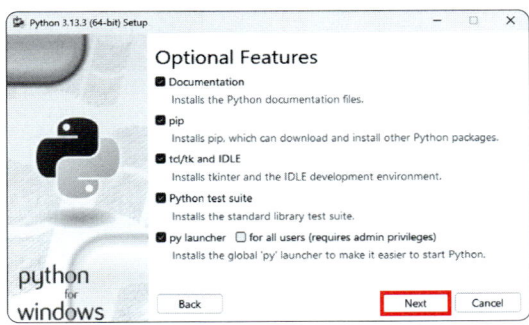

7. 추가 옵션을 기본 상태로 두고, 설치 경로를 다음과 같이 C:/Python313으로 변경한 뒤 **Install**을 클릭합니다. 이 설치 경로는 추후 계속 사용될 예정이므로 기억하기 쉬운 짧은 경로로 변경합니다.

▼ 그림 5-8 'Install' 클릭

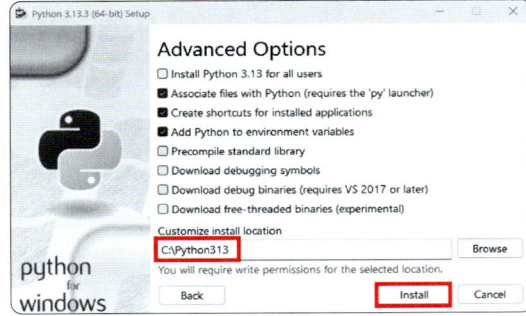

8. 설치가 완료되면 **Close**를 클릭합니다.

▼ 그림 5-9 'Close' 클릭

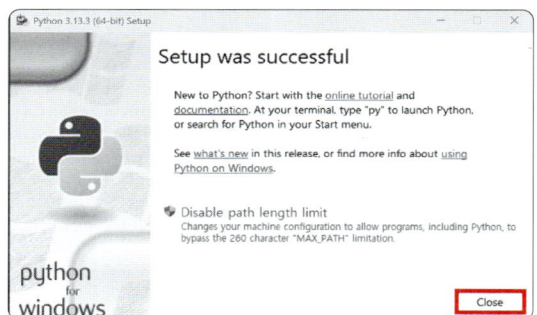

 커서 설치하기

이어서 커서를 설치해보겠습니다.

1. 다음 URL에 접속합니다.

   https://www.cursor.com/

2. **Download for Windows**를 클릭합니다. macOS 사용자라면 **Download for macOS** 버튼으로 표시됩니다.

   ▼ 그림 5-10 'Download for Windows' 클릭

3. 내려 받은 CursorUserSetup-x64-1.1.6.exe 파일을 더블 클릭하면 사용권 계약 화면이 뜹니다. '동의합니다'에 체크한 후에 **다음**을 클릭합니다.

▼ 그림 5-11 '다음' 클릭

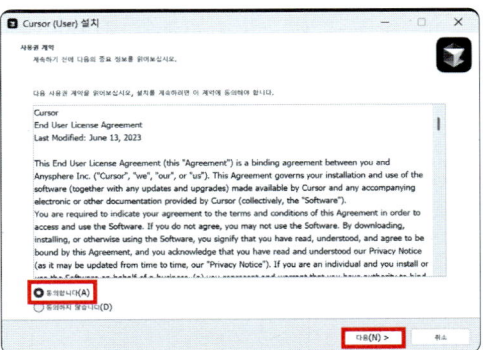

4. 설치 위치를 지정한 후 **다음**을 클릭합니다. 이 책에서는 기본 위치로 두었습니다.

▼ 그림 5-12 '다음' 클릭

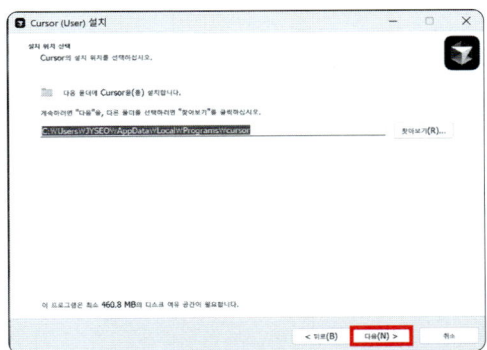

5. 시작 메뉴에 사용될 폴더 이름을 지정한 후 **다음**을 클릭합니다.

▼ 그림 5-13 '다음' 클릭

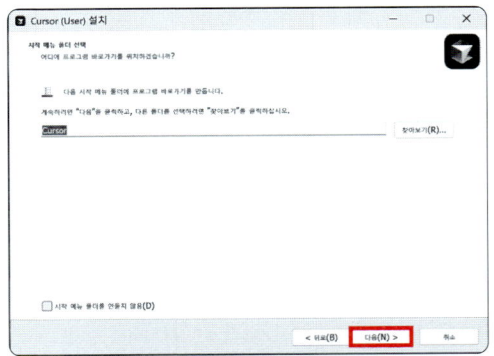

chapter 5 커서 준비하기　103

6. 추가 작업 선택 화면에서 다음과 같이 체크박스에 체크한 후 **다음**을 클릭합니다.

▼ 그림 5-14 '다음' 클릭

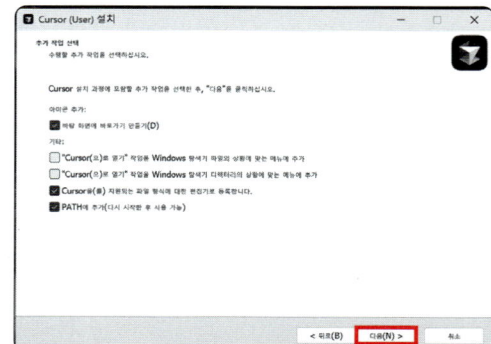

7. 설정한 내용을 확인한 후 **설치**를 클릭합니다.

▼ 그림 5-15 '설치' 클릭

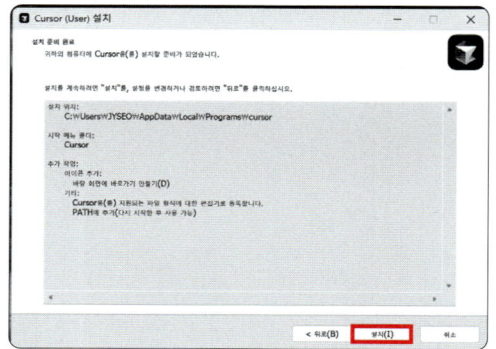

8. 설치가 완료되면 **종료**를 클릭합니다. 조금 기다리면 커서가 실행됩니다.

▼ 그림 5-16 '종료' 클릭

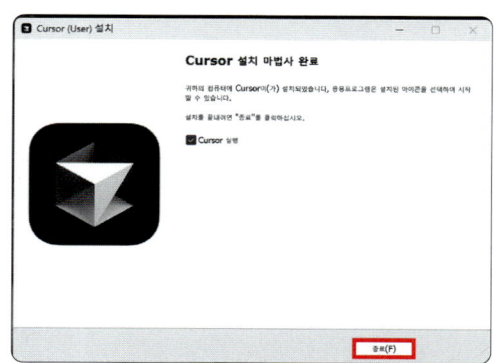

9. 커서가 실행되면 **Sign Up**을 클릭합니다.

▼ **그림 5-17** 'Sign Up' 클릭

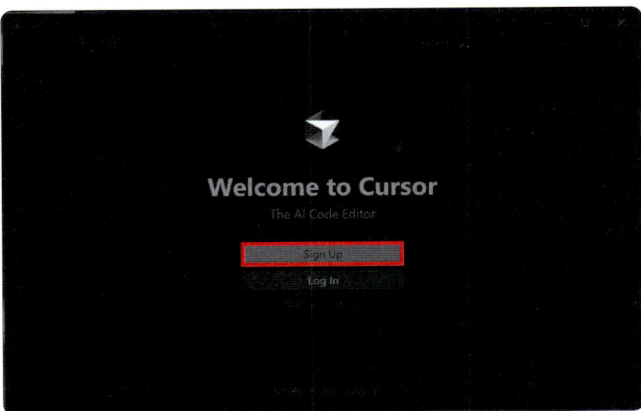

10. 웹사이트 화면이 열립니다. 여기서는 구글 계정으로 로그인해보겠습니다. **Continue with Google**을 클릭합니다.

▼ **그림 5-18** 'Continue with Google' 클릭

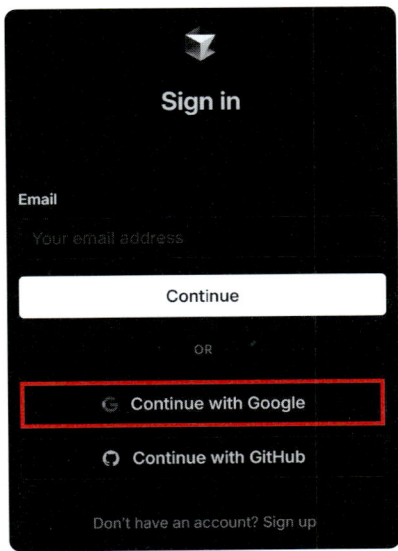

chapter 5 커서 준비하기　105

11. 사용 중인 계정이 있다면 다음과 같이 리스트로 보여줍니다. 그렇지 않다면 자신의 이메일 주소와 패스워드를 입력하세요.

    ▼ 그림 5-19 이메일 계정 선택 혹은 입력

12. 계정을 확인한 후 **계속**을 클릭합니다.

    ▼ 그림 5-20 '계속' 클릭

    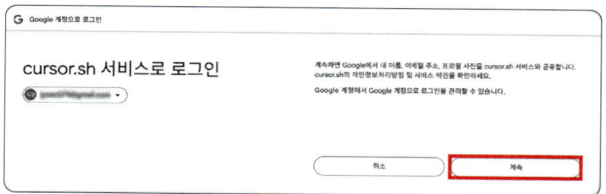

13. **Yes, Log In**을 클릭합니다.

    ▼ 그림 5-21 'Yes, Log In' 클릭

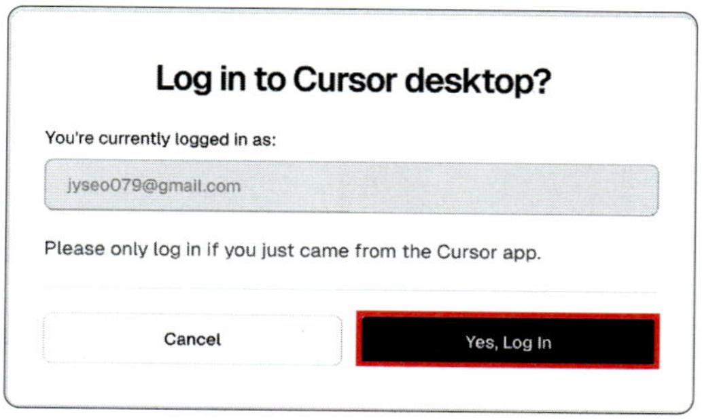

14. 커서로 돌아가라는 내용이 나오면 커서 화면으로 이동합니다.

▼ **그림 5-22** 커서로 이동

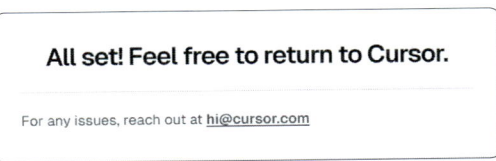

15. 커서의 바탕화면 색상을 지정할 수 있습니다. **Explore other themes**를 클릭합니다.

▼ **그림 5-23** 'Explore other themes' 클릭

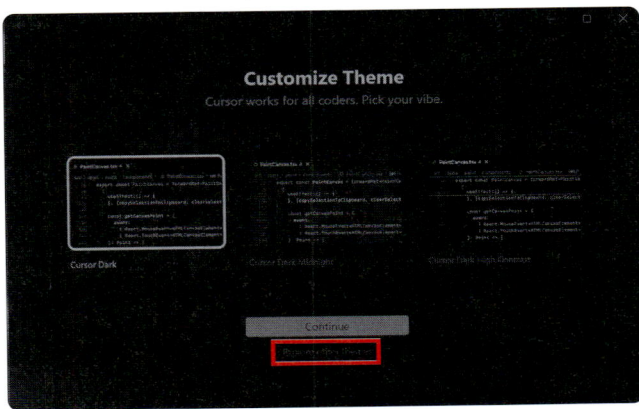

16. **Light Modern**을 클릭하면 바탕 화면이 흰색으로 지정됩니다. 만약 검은색을 유지하고 싶다면 **Cursor Dark**를 선택합니다. 책에서는 **Light Modern**으로 지정했습니다.

▼ **그림 5-24** 'Light Modern' 선택

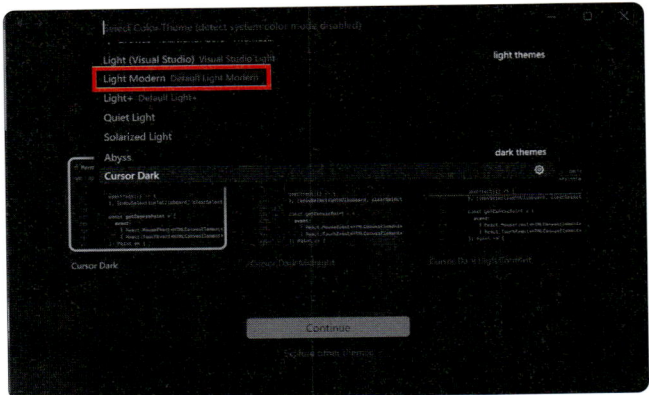

chapter 5 커서 준비하기 **107**

17. 이후 **Continue**를 클릭합니다.

▼ **그림 5-25** 'Continue' 클릭

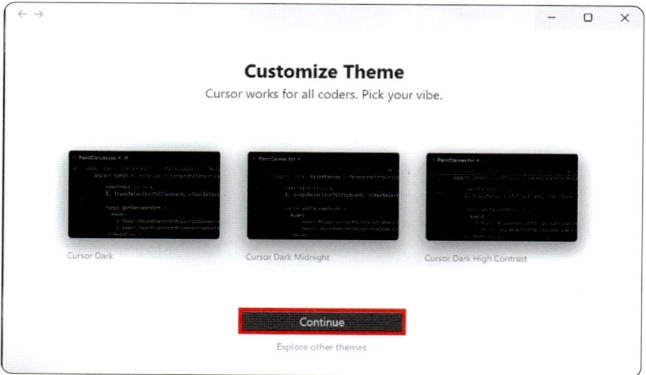

18. 키보드 단축키와 기능 사용법을 알려주는 화면입니다. 계속해서 **Continue**를 클릭합니다.

▼ **그림 5-26** 'Continue' 클릭

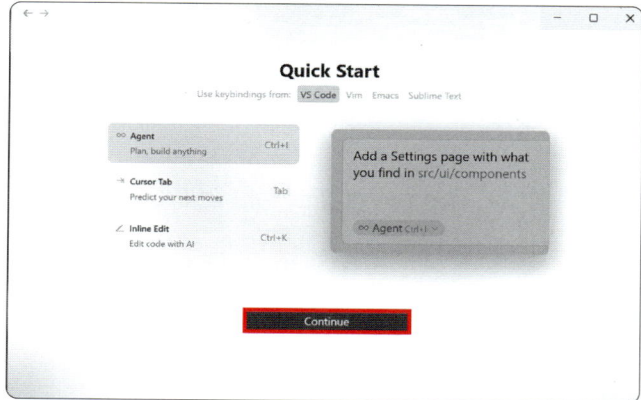

19. Cursor IDE 설치 또는 초기 실행 시 나타나는 '데이터 공유 설정(Data Sharing)' 선택 화면입니다. 체크박스를 선택하고 **Continue**를 클릭합니다.

▼ 그림 5-27 'Continue' 클릭

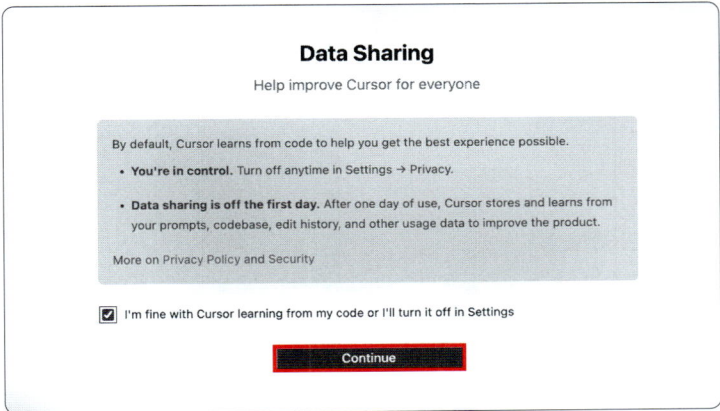

20. Review Settings 창에서 'Open from Terminal'의 **Install**을 클릭합니다. 커서 명령어를 설치하면 터미널에서 커서를 바로 실행할 수 있습니다.

▼ 그림 5-28 Open from Terminal > Install

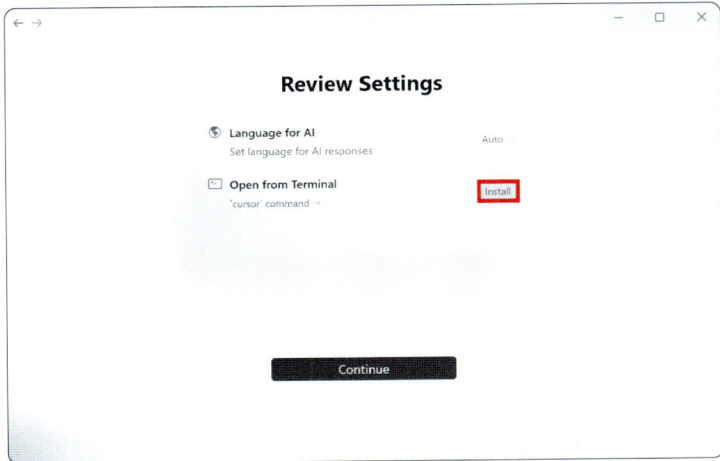

21. '이 앱이 디바이스를 변경할 수 있도록 허용하시겠어요?'라고 묻는 창이 뜨면 **예**를 클릭합니다. 설치되었다는 창이 뜨면 **OK**를 클릭합니다.

▼ 그림 5-29 'OK' 클릭

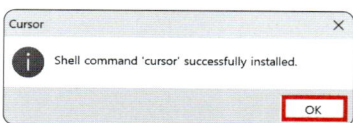

> **노트**
>
> **설치 후 환경 변수 등록 오류가 발생했을 경우**
> 설치 후에 다음과 같은 오류가 발생한다면, 이것은 환경 변수(PATH)를 자동으로 업데이트하려 했지만 실패했다는 의미입니다.
>
> ▼ 그림 5-30 오류 메시지
>
>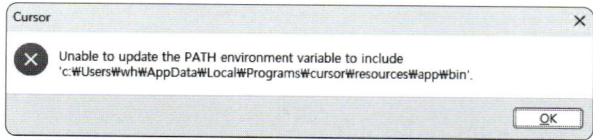
>
> 따라서 다음과 같은 과정을 진행해주세요.
>
> 1. 윈도우 키 + R 을 눌러 실행 창을 엽니다.
> 2. sysdm.cpl을 입력한 후 Enter 키를 누릅니다.
> 3. **고급** 탭에서 **환경 변수(N)**를 클릭합니다.
> 4. 시스템 변수에서 **Path**를 선택한 후 **편집**을 클릭합니다.
> 5. **새로 만들기(N)**를 클릭한 후 다음을 입력합니다.
>
>   C:\Users\wh\AppData\Local\Programs\cursor\resources\app\bin
>
> 6. **확인 > 확인 > 적용**을 클릭한 후 컴퓨터를 재부팅합니다.

22. **Continue**를 클릭합니다.

   ▼ 그림 5-31 'Continue' 클릭

   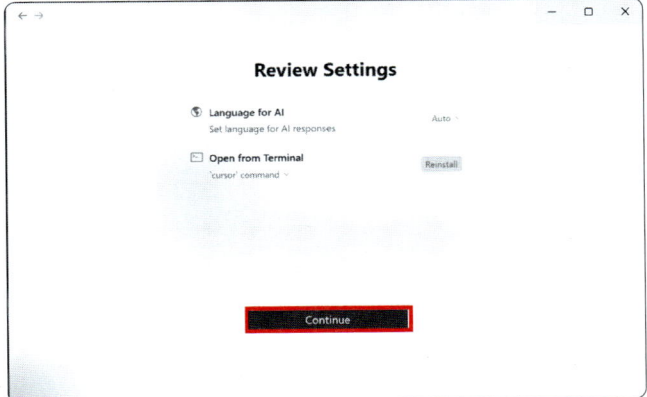

23. 커서 메인 화면이 나옵니다. 이제 커서를 사용할 준비가 되었습니다.

   ▼ 그림 5-32 커서 메인 화면

   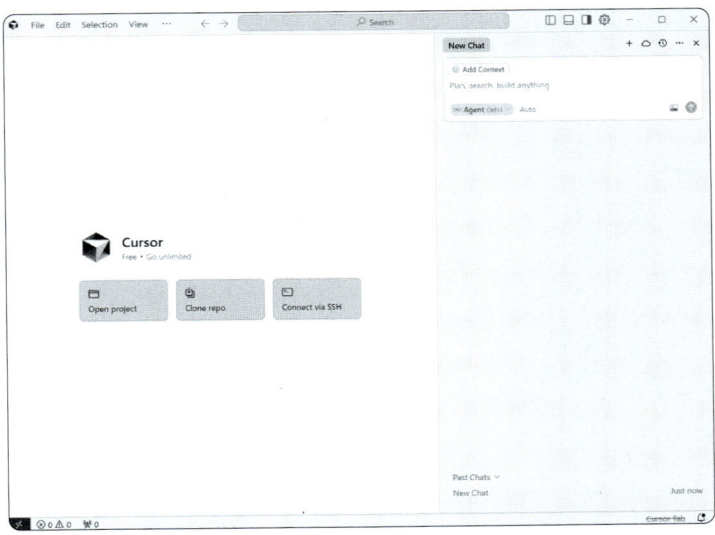

다음 장에서 본격적으로 커서를 사용해보면서, 커서의 기능에 대해 알아보겠습니다.

chapter 5 커서 준비하기 111

CHAPTER 6

커서 사용해보기

SECTION 1	커서 이해하기
SECTION 2	커서 시작하기
SECTION 3	커서 기능 알아보기

6.1 커서 이해하기

커서가 제공하는 기능으로는 다음과 같은 것들이 있습니다.

- Copilot++
- Codebase Chat
- Codebase Chat for code generation
- New code generation
- Code editing
- Code questions

커서는 Copilot++ 기능을 제공합니다. GitHub Copilot은 주로 현재 위치의 문맥을 기반으로 새로운 코드(한두 줄 또는 함수 단위)를 제안하는 데 그쳤다면, Copilot++는 기존 코드의 맥락을 이해한 후 여러 줄에 걸친 수정까지 제안할 수 있습니다. 예를 들어, 반복문을 더 효율적인 방식으로 바꾸거나, 복잡한 조건문을 정리하는 등 실제 개발자의 코드 리뷰처럼 동작합니다.

또한 커서는 코드와 직접 대화할 수 있는 코드 기반의 채팅(Codebase Chat) 기능을 지원합니다. `Ctrl`+`L` 단축키를 눌러 특정 코드에 대한 질문을 하면, 커서는 관련 파일들을 자동으로 대화 컨텍스트에 불러와 질문에 답변합니다. 예를 들어 '이 함수는 무슨 역할을 해?' 혹은 '이 오류는 어디서 발생한 거야?'와 같은 질문을 할 수 있으며, 프로젝트에 새로 참여했거나 생소한 코드를 이해해야 할 때 특히 유용합니다.

코드 기반의 채팅 기능은 코드 생성(Codebase Chat for code generation)에도 활용할 수 있습니다. 단순히 질문에 답하는 것을 넘어, 커서에게 특정 기능을 구현하도록 요청할 수 있습니다. 예를 들어 '로그인 기능에 인증 절차를 추가해' 또는 '이 코드를 비동기로 변경해'와 같은 프롬프트를 입력하면, 커서는 코드 기반의 맥락을 이해한 후 필요한 파일을 분석하여 여러 파일에 걸친 변경 사항을 자동으로 생성해줍니다.

커서는 새로운 코드를 생성하는 기능(New code generation)도 제공합니다. 예를 들어 '사용자 로그인 기능을 만들어줘' 또는 'CSV 파일을 파싱하는 함수를 생성해줘'처럼 구체적인 요구를 입력하면, 커서는 파일 이름과 태그 등 맥락 정보를 바탕으로 적절한 코드를 자동 생성해줍니다.

기존 코드를 편집(Code editing)하고 싶을 때는 코드 블록을 선택한 후 Ctrl+K를 눌러 편집 요청을 할 수 있습니다. 예를 들어 '이 부분을 더 효율적으로 고쳐' 또는 '이 코드가 버그를 발생시키지 않게 수정해'라고 요청하면, 커서는 선택한 코드와 관련된 맥락을 분석해 알맞은 수정을 제안해줍니다.

마지막으로, 코드에 대해 궁금한 점이 있을 때는 코드 블록을 선택하고 Ctrl+L을 눌러 질문(Code questions)할 수 있습니다. 이 기능은 함수의 역할, 반환값, 작동 방식 등을 이해하고 싶을 때 매우 유용합니다. 특히 복잡하거나 낯선 코드를 빠르게 파악해야 하는 상황에서 큰 도움이 됩니다.

이처럼 커서는 단순히 코드를 작성하는 것을 넘어, 코드를 이해하고, 고치고, 설명해주는 AI 개발 파트너라고 할 수 있습니다. 코드를 직접 짜고 디버깅하는 시간이 줄어드는 만큼, 개발자는 더 창의적이고 본질적인 작업에 집중할 수 있습니다. 이와 같이 커서는 개발자의 생산성과 이해도를 높여주는 혁신적인 도구입니다.

6.2 커서 시작하기

6.2.1 화면 소개

커서는 다음과 같이 네 개의 창으로 구성되어 있습니다.

❶ 탐색 창에서 프로젝트 파일과 폴더의 항목들을 확인합니다.

❷ 편집기 창에서 코드를 작성하거나 수정합니다.

❸ 편집기 창 아래 터미널 창은 명령 프롬프트와 같은 역할을 합니다.

❹ 가장 오른쪽의 채팅 창에서는 AI와 대화하며 코드를 작성하거나 수정하는 데 도움을 받을 수 있습니다.

▼ 그림 6-1 커서 메인 화면

따라서 커서는 다음과 같은 사용자에게 적합합니다.

- 커서는 AI 기능이 내장된 개발 환경으로, 자연어로 코드 작성이나 수정이 가능한 IDE 입니다. 따라서 반복 작업을 줄이고 빠르게 개발하고 싶은 프로그래머에게 적합합니다.

- VS Code와 유사한 인터페이스에 익숙한 개발자라면 바로 사용할 수 있습니다.

- 랭체인, RAG, 에이전트 기반 개발 등 생성형 AI 프로젝트에 유용합니다.

- 초보자부터 전문 개발자까지, AI와 협업하며 개발 효율을 높이고 싶은 사람에게 추천됩니다.

6.2.2 프로젝트 생성 및 파일 관리

다음으로는 프로젝트 및 파일을 생성하고 관리하는 방법을 알아보겠습니다. 커서를 설치한 후 메인 화면에서 시작합니다.

1. 먼저 윈도우 탐색기 창에서 C:₩Users₩JYSEO 위치에 cursor-explain이라는 폴더를 생성합니다. 그리고 커서로 돌아와 **File > Open Folder**를 클릭합니다.

▼ 그림 6-2 File > Open Folder 클릭

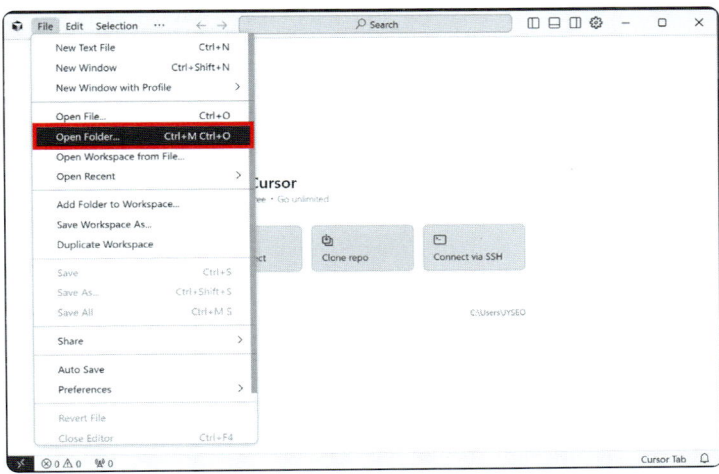

2. 프로젝트를 저장할 폴더로 앞에서 만든 cursor-explain 폴더를 선택한 후 **폴더 선택** 버튼을 클릭합니다.

▼ 그림 6-3 폴더 선택

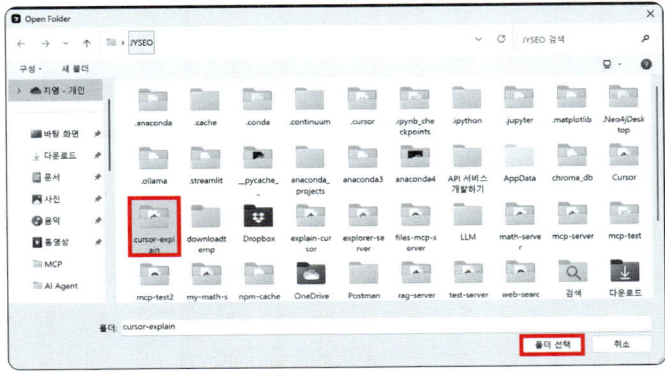

chapter 6 커서 사용해보기　117

3. 그러면 다음과 같이 cursor-explain 프로젝트가 시작됩니다.

   ▼ **그림 6-4** cursor-explain 프로젝트 화면

   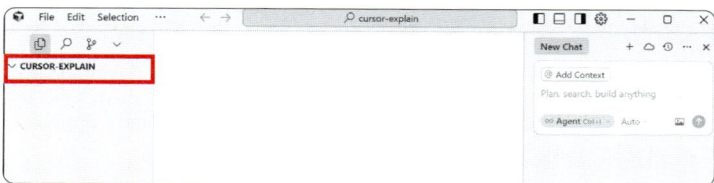

4. 프로젝트가 생성되었으니 새 파일을 만들어봅시다. **File > New Text File**을 클릭합니다.

   ▼ **그림 6-5** File > New Text File 클릭

   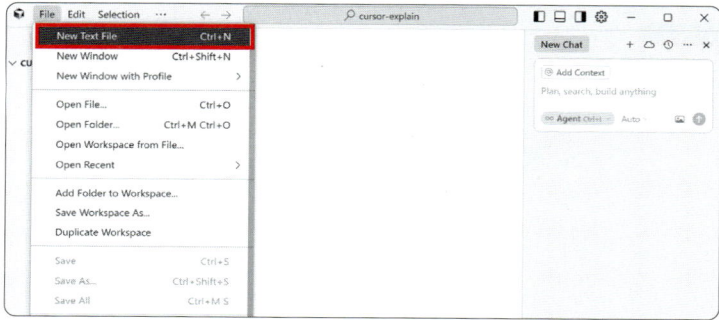

5. 다음과 같이 Untitled-1이라는 파일이 생성됩니다.

   ▼ **그림 6-6** Untitled-1 파일 생성

   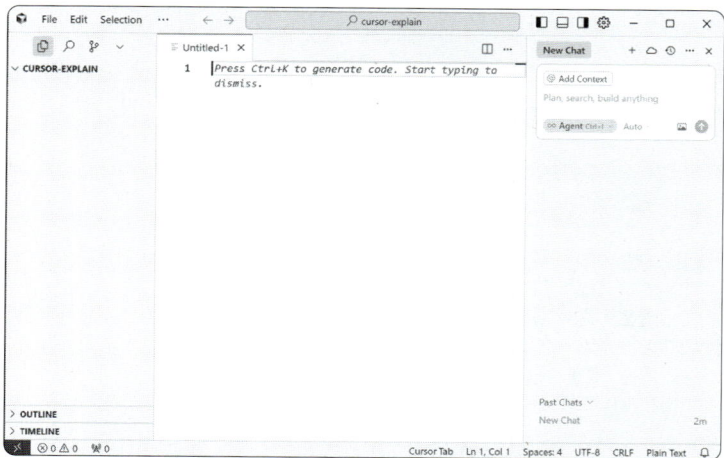

6. 파일은 **File** > **Save As**로 저장합니다. 저장 위치는 **2**에서 지정했던 위치로, 이름은 test.py, 확장자는 다음과 같이 .py로 지정한 후 **저장**을 클릭합니다.

▼ 그림 6-7 .py로 확장자 지정

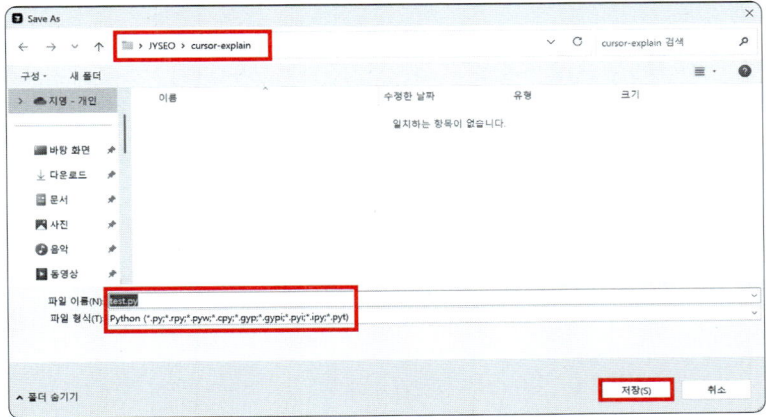

7. 다음과 같이 파일 이름이 바뀌면서 왼쪽 탐색 창에 파일이 생성되었습니다. 이 상태에서 코드를 생성해주면 됩니다.

▼ 그림 6-8 생성된 test.py 파일

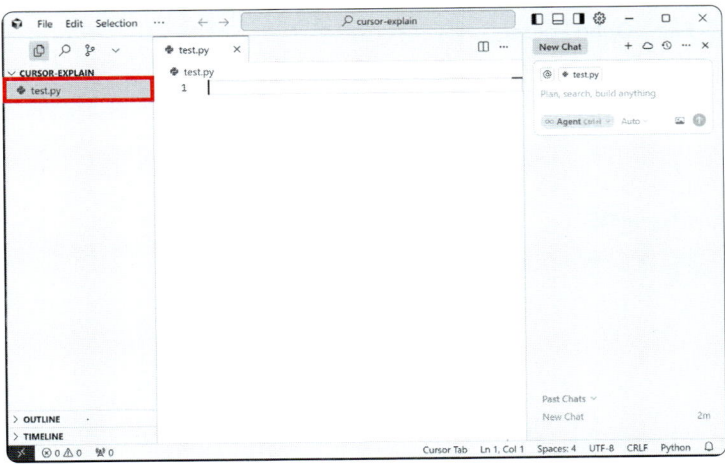

커서 기능 알아보기

앞에서 커서에 다음 여섯 가지 기능이 있다고 설명했습니다. 커서 사용 방법은 이 여섯 가지 기능을 기준으로 알아보겠습니다.

- Copilot++
- Codebase Chat
- Codebase Chat for code generation
- New code generation
- Code editing
- Code questions

커서 기능을 알아보기 위해서는 이미 생성된 파일들이 필요합니다. 이 책의 깃허브 저장소[1]의 Cursor 폴더에 파일을 넣어 놓았습니다. 내려 받아 진행해주세요.

1. 커서를 실행한 후 **File** > **Open Folder**를 클릭합니다.

2. 내려 받은 Cursor 폴더를 지정하면 다음과 같이 파이썬 기반의 '주문처리 시스템'에 대한 네 개의 파일이 보입니다. 이 파일들을 이용하여 실습을 진행해봅시다.

▼ **그림 6-9** File > Open Folder 화면

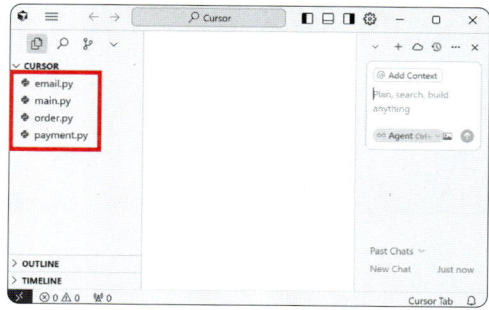

---
[1] https://github.com/gilbutITbook/080473

3. 먼저 Copilot++의 코드 자동 생성에 대해 알아보겠습니다. **File > New Text File**을 클릭한 후 편집기 창에서 다음을 입력합니다.

> 코드

```
def calculate_discount(price, customer_type):
    if customer_type == "vip":
        return price * 0.8
```

4. 이 상태에서 Tab 키를 두 번 누르면 주석이 생성됩니다. 이후 또 다시 Tab 키를 누르면 마지막 화면과 같이 추가 코드를 생성해줍니다. 코드는 사용자마다 다르게 표현될 수 있으며, 생성해준 코드를 사용하고 싶지 않을 경우에는 Ctrl + Z 키를 누르면 됩니다.

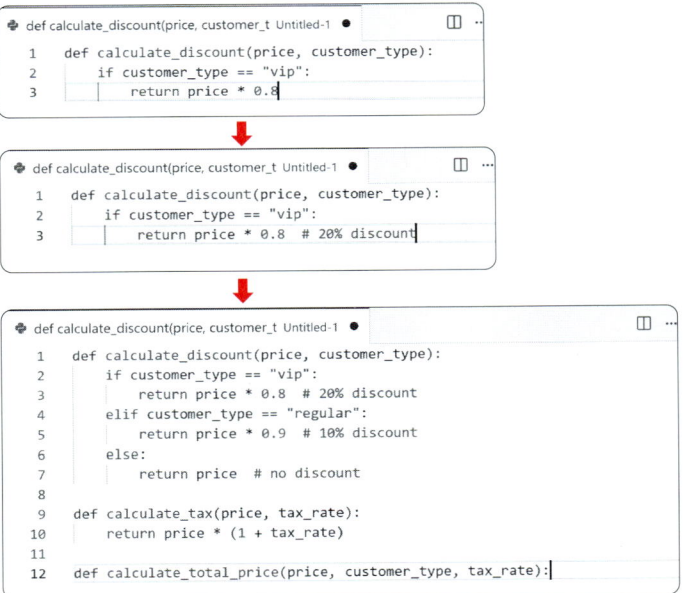

▼ 그림 6-10 Tab 키를 누르면 이후 코드를 자동 생성

5. 코드 기반의 채팅 기능을 사용해보겠습니다. 만약 채팅 창이 보이지 않는다면 상단에 있는 **Toggle AI Pane**을 클릭합니다.

▼ **그림 6-11** 'Toggle AI Pane' 클릭

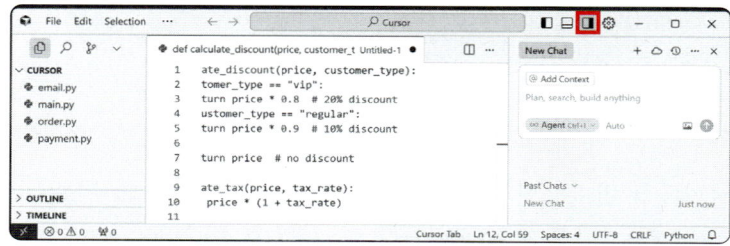

6. 탐색 창에서 payment.py를 클릭하고 채팅 창에 다음의 질문을 입력한 후 Enter 키를 누릅니다.

입력

> 이 코드가 어떤 역할을 하는지 설명해줘. 특히 `process_payment` 함수의 흐름을 중심으로.

7. 그러면 다음과 같이 process_payment 함수에 대한 설명을 보여줍니다. 참고로 커서에서 사용하는 AI 역시 생성형 AI이기 때문에 답변은 매번 다를 수 있습니다.

▼ **그림 6-12** process_payment 설명

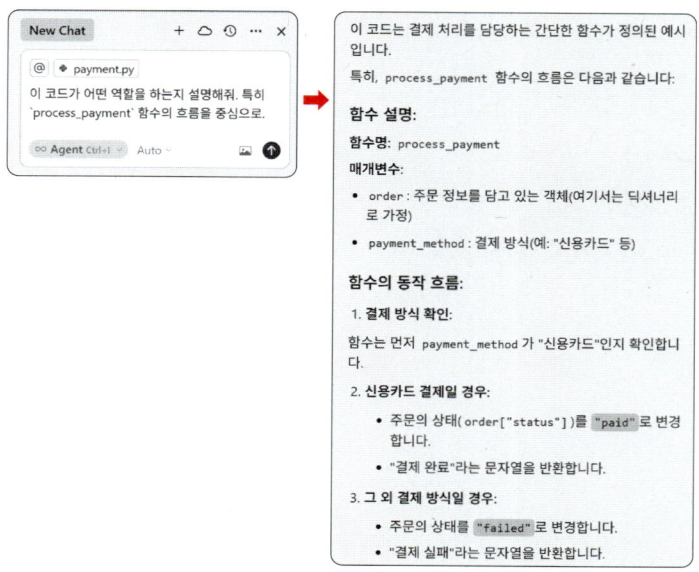

8. 또 다른 질문을 해볼까요? 다음과 같이 질문을 입력한 후 Enter 키를 누르면 역시 결과를 보여줍니다.

> **입력**
>
> ```
> order 상태를 'shipped'로 바꾸는 메서드를 추가해줘
> ```

▼ 그림 6-13 AI를 이용한 질문과 답변

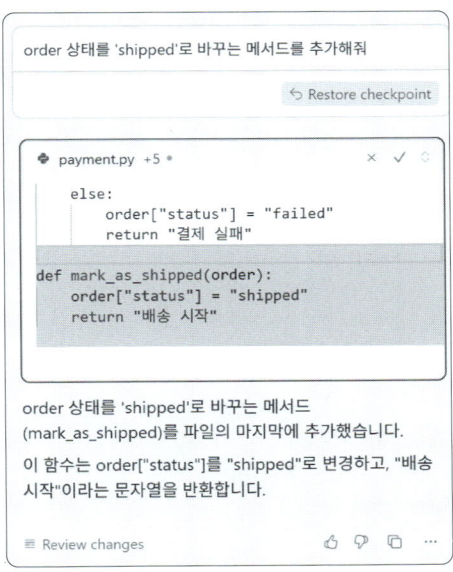

9. payment.py 파일에 코드가 추가되어 있는 것을 확인할 수 있습니다. AI가 추가해준 코드를 사용하고자 한다면 **Accept**를 클릭합니다.

▼ 그림 6-14 order.py

```
payment.py
1   def process_payment(order, payment_method):
2       # 간단한 로직 예시
3       if payment_method == "신용카드":
4           order["status"] = "paid"
5           return "결제 완료"
6       else:
7           order["status"] = "failed"
8           return "결제 실패"
9
10  def mark_as_shipped(order):
11      order["status"] = "shipped"
12      return "배송 시작"
13                              Reject Ctrl+N  Accept Ctrl+Shift+Y
```

chapter 6 커서 사용해보기 **123**

> **노트**
>
> **Python Extension**
>
> 실습 진행 중 왼쪽 하단에 Python Extension을 추가할 것인지 묻는 화면이 뜬다면, **Install**을 클릭해줍니다. 컴퓨터 환경에 따라(이미 설치되어 있는 경우) Python Extension 설치 화면은 보이지 않을 수 있습니다.
>
> ▼ 그림 6-15 'Install' 클릭
>
>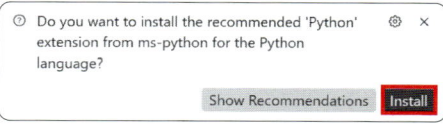
>
> 화면이 다음과 같이 **Disable**과 **Uninstall** 버튼이 보인다면 정상적으로 설치된 것입니다. 상태가 아래 그림과 같지 않다면 **Install** 버튼을 클릭해주세요.
>
> ▼ 그림 6-16 파이썬이 설치된 화면
>
>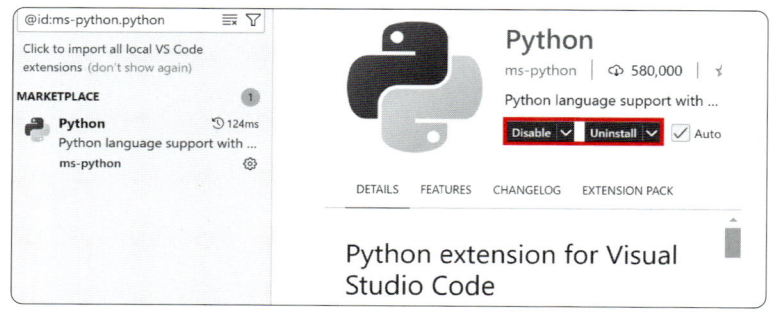

10. 이번에는 코드 기반의 채팅을 이용한 코드 생성에 대해 알아보겠습니다. 이미 앞에서 새로운 메서드를 추가해 달라고 요청해보긴 했지만, 또 다른 예시를 통해 정확한 기능을 확인해보겠습니다. 다음과 같이 채팅 창에 입력한 후 Enter 키를 눌러 결과를 확인해봅시다.

입력

결제가 완료되면 고객에게 영수증을 보내는 send_receipt 함수를 payment.py에 추가해줘

▼ 그림 6-17 결과

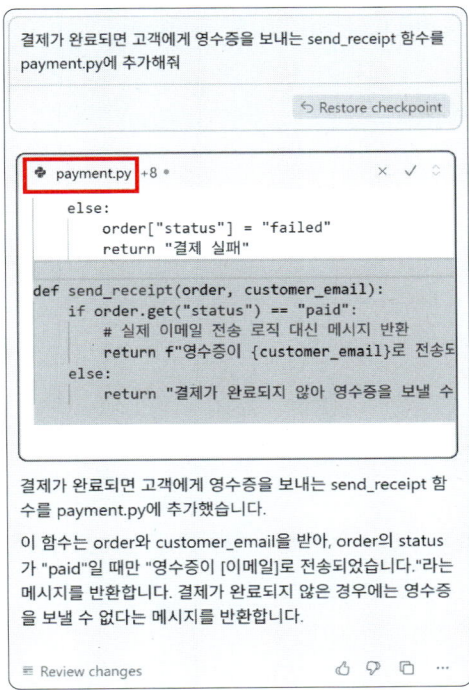

11. 채팅 창에 `send_receipt` 함수가 생성되었죠? payment.py 파일로 이동해 실제로 payment.py 파일에 함수가 생성되었는지 확인해봅시다. 탐색 창에서 코드 목록이 보이지 않을 경우에는 왼쪽 상단의 목록 아이콘을 클릭하면 됩니다. 목록에서 payment.py를 선택합니다.

▼ 그림 6-18 payment.py를 선택

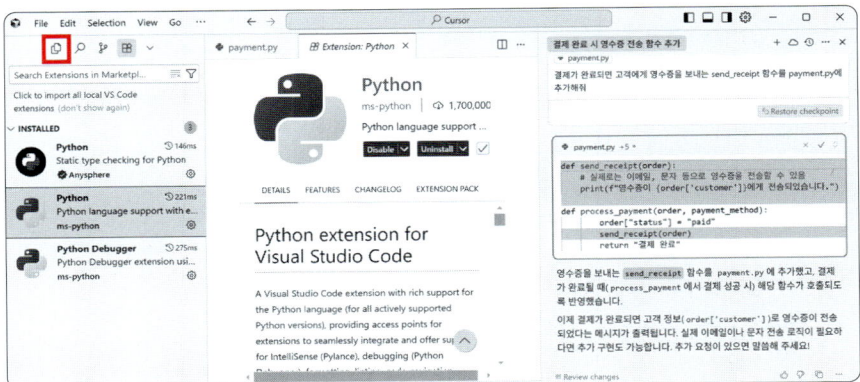

chapter 6 커서 사용해보기 125

12. 다음과 같이 payment.py 파일에 함수가 추가된 것을 확인할 수 있습니다. AI가 생성해 준 코드를 유지하고 싶다면 **Accept**를 클릭합니다.

▼ **그림 6-19** payment.py 파일에 추가된 함수

```
payment.py
 1  def process_payment(order, payment_method):
 2      # 간단한 로직 예시
 3      if payment_method == "신용카드":
 4          order["status"] = "paid"
 5          return "결제 완료"
 6      else:
 7          order["status"] = "failed"
 8          return "결제 실패"
 9
10  def send_receipt(order, customer_email):
11      if order.get("status") == "paid":
12          # 실제 이메일 전송 로직 대신 메시지 반환
13          return f"영수증이 {customer_email}로 전송되었습니다."
14      else:
15          return "결제가 완료되지 않아 영수증을 보낼 수 없습니다."
16
                                              Reject Ctrl+N  Accept Ctrl+Shift+Y
```

13. 이번에는 새로운 코드를 생성(New code generation)하는 방법에 대해 알아보겠습니다. 채팅 창에 다음과 같이 입력한 후 Enter 키를 누릅니다.

> **입력**
>
> 사용자의 이름과 이메일을 출력하는 print_user_info 함수를 새로운 파일로 만들어줘.

▼ **그림 6-20** 채팅 창에 입력

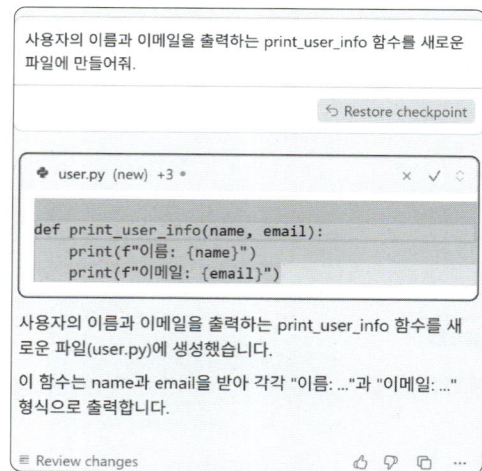

14. 다음과 같이 새로운 파일이 생성되면서 그곳에 print_user_info 함수를 생성해줍니다. 책에서는 user.py 파일에 다음 내용이 생성되었는데, 파일명이나 내용은 매번 다를 수 있습니다. 코드를 이대로 유지하고 싶다면 **Accept**(Ctrl+Shift+Y)를 클릭합니다. macOS에서는 단축키로 cmd+Y를 누릅니다

▼ 그림 6-21 print_user_info 함수 생성

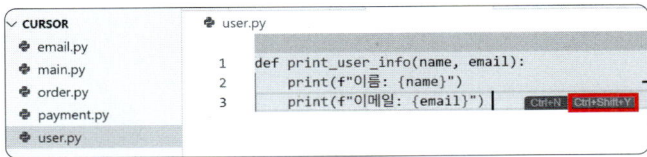

기존 코드를 편집(Code editing)하거나 코드에 대해 궁금한 점이 있을 때 질문(Code questions)하는 기능은 앞에서 이미 살펴봤으므로, 이번에는 단축키 사용 방법 위주로 알아보겠습니다. 커서를 사용할 때 알아야 할 핵심 단축키는 Tab, Ctrl+K, Ctrl+L 입니다. 일단 이 세 가지만 알면 됩니다. Tab은 앞에서 살펴봤고, 나머지 두 가지에 대한 사용 방법을 알아보겠습니다.

15. 단축키를 이용해 코드를 수정해보겠습니다. payment.py 파일에서 다음 코드 영역을 드래그해서 선택합니다.

코드

```
def process_payment (order, payment_method):
    # 간단한 로직 예시
    if payment_method =="신용카드":
        order ["status"] = "paid"
        return "결제 완료
```

16. 그러면 다음과 같이 단축키를 보여줍니다. **Quick Edit**을 클릭해도 되고, 단축키인 Ctrl + K 를 입력해도 됩니다. Ctrl + K 를 누르면 AI를 활용해 코드를 즉시 편집하거나 작성할 수 있습니다. 이 기능의 장점은 코드의 특정 줄이나 범위를 선택해 바로 프롬프트로 수정하거나 질문할 수 있다는 점입니다. 만약 완전히 새로운 코드를 만들고 싶다면, 아무 것도 선택하지 않은 상태에서 Ctrl + K 를 누릅니다.

▼ 그림 6-22 단축키

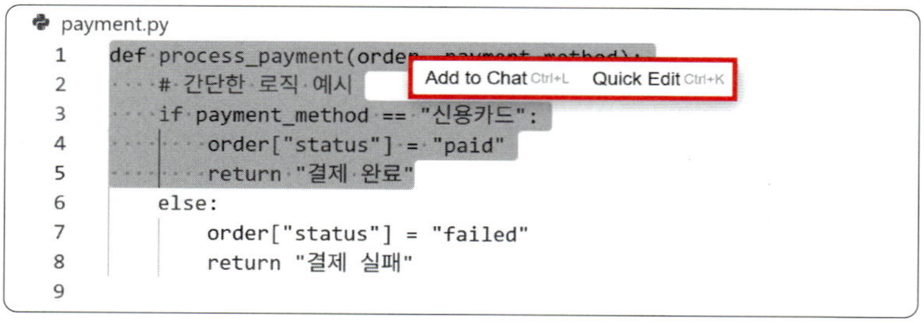

17. 단축키를 입력하면 코드를 추가할 수 있는 공간이 생깁니다. 아래 붉은 박스에 코드를 수정한 후 **Send** 버튼을 클릭하면 수정된 버전이 반영됩니다.

▼ 그림 6-23 코드를 추가할 수 있는 공간

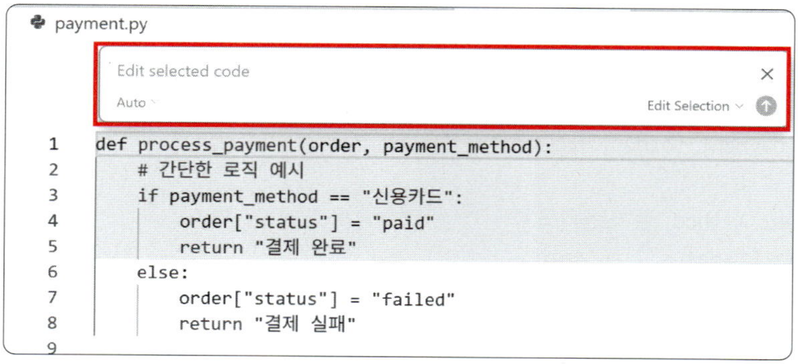

예를 들어, '신용카드를 현금으로 바꿔줘'라고 입력한 후 **Send** 버튼을 클릭하면 다음과 같이 수정해줍니다. 여기서는 Ctrl + N 을 눌러 수정을 반영하지 않겠습니다.

▼ 그림 6-24 채팅 창에 명령 입력

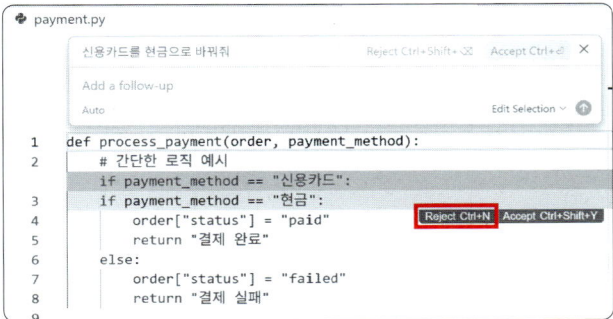

18. 이 상태에서 채팅 창에 다음과 같이 입력한 후 Enter 키를 누릅니다.

입력

계좌이체 결제 수단도 처리할 수 있도록 조건을 추가해줘.

▼ 그림 6-25 채팅 창에 명령 입력

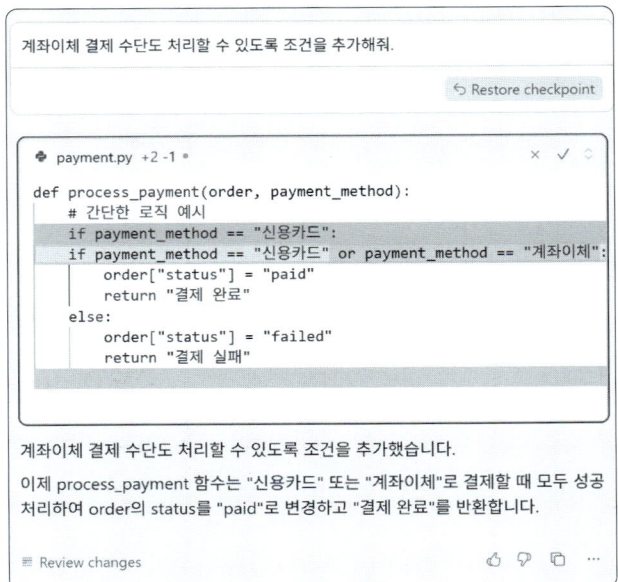

> **노트**
>
> 과거 메시지를 기준으로 작업을 제출하려 할 때 다음과 같은 경고창이 나타날 수 있습니다. 이는 사용자가 AI의 응답을 선택한 상태에서 **Submit**을 누르면, 해당 시점 이후의 코드 변경 사항과 대화 내용이 초기화될 수 있음을 알리는 안내입니다. 과거 메시지를 기준으로 제출할 경우, 현재 작업 중인 파일의 변경 내용은 되돌아가고 이후 대화 내용도 모두 삭제됩니다.
>
> ▼ 그림 6-26 경고 메시지
>
>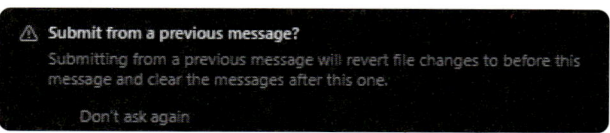
>
> **Continue and revert**를 클릭하면 해당 메시지 이후의 코드 변경 사항과 대화 내용이 모두 이전 상태로 되돌아갑니다. **Continue without reverting**을 클릭하면 대화만 선택한 메시지를 기준으로 제출되고, 코드 변경 사항은 그대로 유지됩니다. 따라서 변경된 코드를 유지하려면 **Continue without reverting**을 선택하면 됩니다.

19. 다음과 같이 코드를 수정해줍니다. AI가 생성해준 코드를 적용하고자 하면 **Accept**를 클릭하고, 사용하지 않으면 **Reject**를 클릭합니다.

▼ 그림 6-27 코드 수정

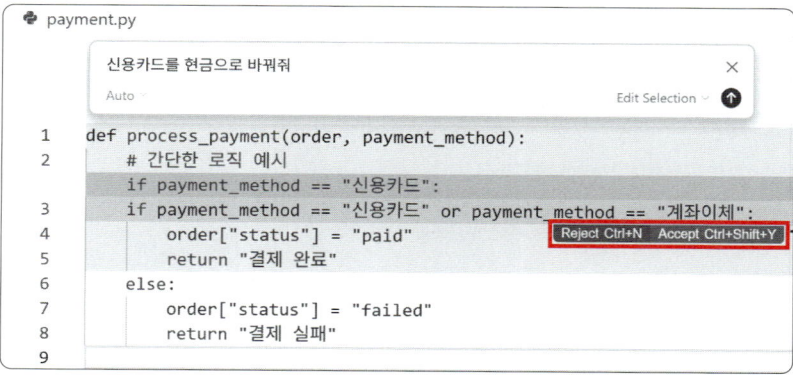

20. 마지막으로 단축키를 눌러 코드에 대해 질문해보겠습니다. order.py로 이동하여 다음 코드를 선택한 후 `Ctrl`+`L`을 누릅니다. `Ctrl`+`L`을 누르면 화면 오른쪽에 AI와 대화할 수 있는 채팅 창이 열립니다. 채팅 창에서는 AI와 직접 대화하며, 현재 작성 중인 코드에 대해 질문하고 답변을 받을 수 있습니다.

▼ **그림 6-28** 코드 선택 후 `Ctrl`+`L`

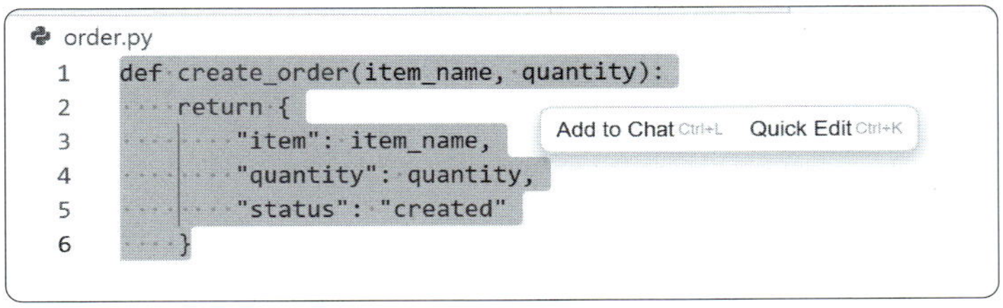

```
 order.py
1  def create_order(item_name, quantity):
2      return {
3          "item": item_name,
4          "quantity": quantity,
5          "status": "created"
6      }
```

21. order.py 옆에 있는 '(1-6)'은 선택한 코드의 행 번호를 의미합니다. 질문 입력란에 다음과 같이 질문한 후 `Enter` 키를 누릅니다.

입력

> 이 order 클래스의 역할과 각 메서드가 하는 일을 설명해줘.

▼ **그림 6-29** 질문과 설명

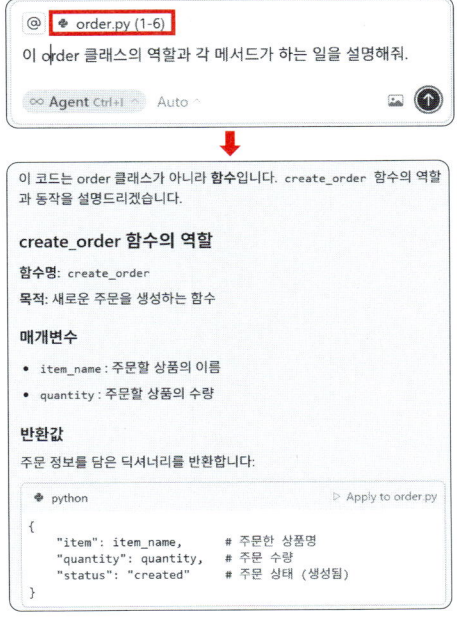

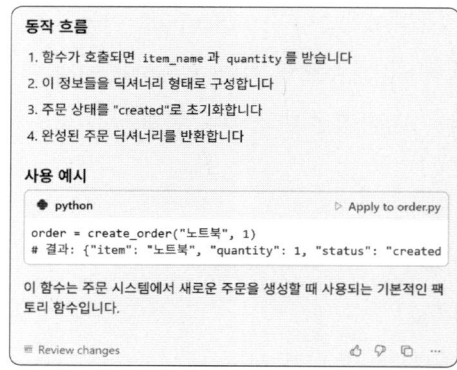

지금까지 커서에 대한 기능별 사용 방법에 대해 알아봤습니다. 사용해보니 어떤가요? 코드를 위한 챗GPT와 유사하죠? 그래서 코드 생성 및 수정과 관련해서는 커서가 혁명적인 제품으로 불리고 있습니다.

다음 장부터는 MCP 서버를 직접 구현하고, 이를 커서와 클로드 데스크톱에서 연동하는 과정을 함께 실습해보겠습니다.

3부

MCP 실습하기

7장   MCP 사용해보기
8장   커서에서 MCP 서버 만들고 연결하기
9장   클로드 데스크톱에서 MCP 서버 만들고 연결하기

CHAPTER 7

MCP 사용해보기

SECTION 1　Function Calling과 MCP 서버 비교

SECTION 2　통신 방식에 따른 MCP 서버 생성하기

Function Calling과 MCP 서버 비교

앞에서 Function Calling에 대해 잠깐 설명했는데, MCP(Model Context Protocol)와 비교해서 좀 더 살펴보겠습니다. Function Calling과 MCP는 LLM이 외부 도구를 호출하는 방식이라는 점에서 MCP와 비슷하지만, 구조와 목적, 확장성 면에서는 차이가 있습니다.

▼ 표 7-1 Function Calling과 MCP의 차이

항목	설명
Function Calling	LLM이 사전 등록된 함수(API 포함)를 선택해 직접 호출하고 실행
MCP	LLM 또는 클라이언트가 외부 MCP 서버에 JSON 요청을 보내 도구를 실행

즉, 둘 다 'LLM이 도구를 쓴다'는 점은 같지만 Function Calling은 LLM이 내부에서 직접 호출 가능한 함수를 실행하는 반면, MCP는 LLM이 외부 MCP 서버에 요청을 보내 도구를 실행한다는 점에서 차이가 있습니다.

Function Calling과 MCP와의 차이를 다음 표로 자세히 알아보겠습니다.

▼ 표 7-2 Function Calling과 MCP 비교

항목	Function Calling	MCP
설계	LLM 중심 - 도구는 LLM의 보조	도구 중심 - LLM은 클라이언트 중 하나
LLM 사용	LLM이 어떤 도구를 언제 쓸지 판단	LLM이 없어도, 클라이언트(예, 클로드 데스크톱)가 사용자의 요청을 받아 직접 MCP 서버에 도구를 실행
구조	단일 프로세스	분산된 독립 서버 가능
도구 실행 위치	LLM 내부(동일 런타임)	외부 서버(Stdio, SSE, HTTP 등)
클로드, 커서 연동	불가능	MCP로 직접 연동 가능
분산 실행	어려움	가능

정리하면, Function Calling은 단일 모델 내부에서 빠르게 도구를 연결하거나 데모를 구성할 때 유용합니다. 반면 MCP는 분산된 시스템 환경이나 여러 LLM, 복잡한 엔터프라이즈 워크플로를 구성할 때 적합합니다.

이번에는 코드를 통해 둘의 차이를 알아보겠습니다.[1]

사용할 폴더: test-server
사용할 파일: function_calling.py, mcp_sample.py, mcp_basic.py

1. 바탕화면의 커서를 실행한 뒤 **File > New Window**를 클릭합니다.

▼ 그림 7-1 File > New Window

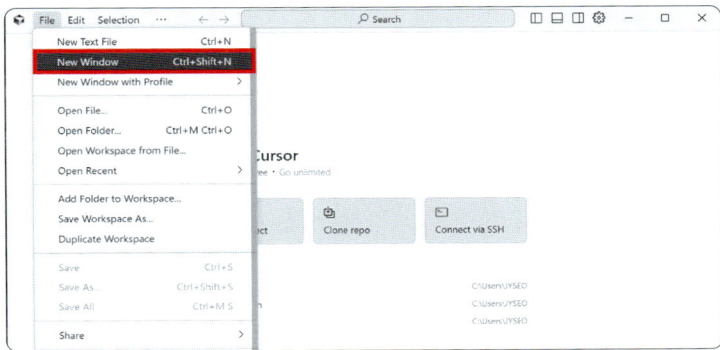

2. **View > Terminal**을 클릭합니다.

▼ 그림 7-2 View > Terminal

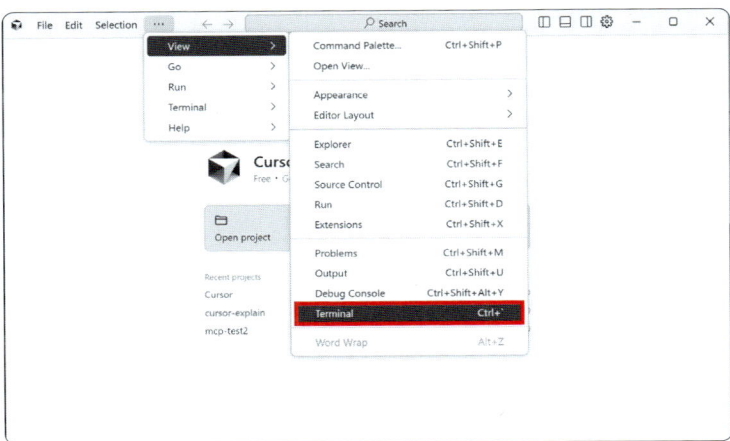

---

1 3부의 실습에 사용한 파일들은 이 책의 깃허브 저장소(https://github.com/gilbutITbook/080473)에서 내려 받을 수 있습니다.

3. 다음과 같이 하단에 터미널 창이 나타납니다.

▼ 그림 7-3 터미널 창

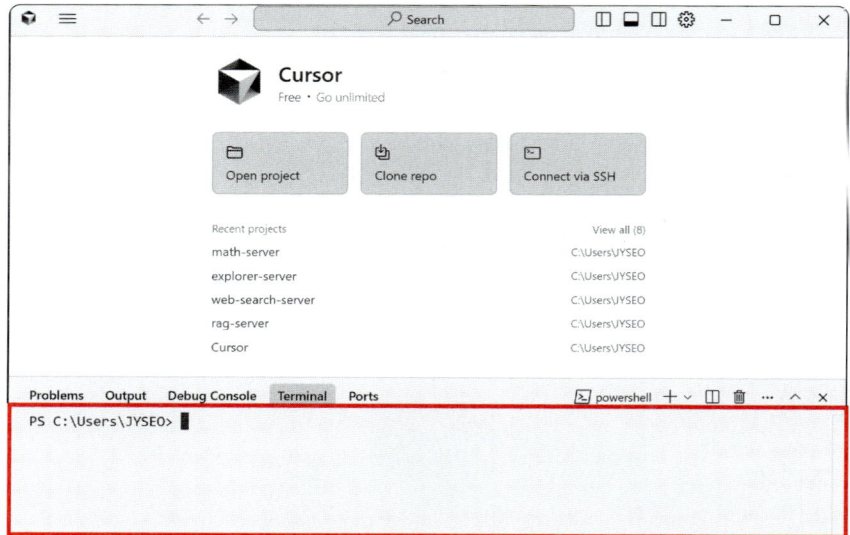

4. 프로젝트를 생성하기 전에 먼저 uv를 설치합니다. uv에 대한 자세한 설명은 7에서 다루겠습니다.

```
PS C:\Users\JYSEO> pip install uv
```

5. 설치 결과는 다음과 같습니다.

실행결과

```
Collecting uv
  Downloading uv-0.7.4-py3-none-win_amd64.whl.metadata (11 kB)
Downloading uv-0.7.4-py3-none-win_amd64.whl (18.4 MB)

18.4/18.4 MB 10.7 MB/s eta 0:00:00
Installing collected packages: uv
Successfully installed uv-0.7.4

[notice] A new release of pip is available: 25.0.1 -> 25.1.1
[notice] To update, run: python.exe -m pip install --upgrade pip
```

6. uv를 이용해서 새로운 프로젝트를 생성하겠습니다. 다음과 같이 입력한 후 Enter 키를 눌러주세요.

```
PS C:\Users\JYSEO> python -m uv init test-server
```

7. 이 명령을 실행하면 C:₩Users₩JYSEO 경로에 test-server라는 폴더가 생성되며, 새 프로젝트가 시작됩니다. 터미널 창에는 다음과 같이 나타납니다.

실행결과

```
Initialized project `test-server` at `C:\Users\JYSEO\test-server`
```

2부에서는 단순히 커서의 **Open Folder**를 클릭해 GUI 기반으로 프로젝트를 시작했다면, 여기서는 uv 명령어를 사용해 파이썬 프로젝트를 초기화합니다. uv 명령어로 프로젝트를 시작하면 파일 탐색기에 다음과 같은 파일들이 자동으로 생성됩니다.

```
📁 test-server/
├── main.py
├── README.md
├── .python-version
├── pyproject.toml
└── .git
```

- **main.py**: 프로젝트 실행 코드가 들어가는 파일입니다.
- **README.md**: 프로젝트 설명과 사용 방법을 담은 문서입니다.
- **.python-version**: 해당 프로젝트에서 사용할 파이썬 버전을 명시하는 설정 파일입니다.
- **pyproject.toml**: 환경 정보를 담는 파일입니다.
- **.git**: git이 추적하지 말아야 할 파일이나 폴더 목록으로, 파일 탐색기에서 숨김 파일로 표시됩니다.

참고로 두 가지 방식에 대한 차이는 다음 표를 참조해주세요.

▼ 표 7-3 새 프로젝트 생성 방식 비교

항목	Open Folder 방식	uv로 시작하는 방식
시작 방법	GUI에서 폴더 열기	CLI에서 uv 명령 실행
템플릿 파일 자동 생성	없음 또는 설정에 따라 다름	main.py, README.md, pyproject.toml 등 자동 생성
Git 초기화 (.git/)	없음(수동으로 git init 필요)	자동으로 Git 초기화
용도	기존 폴더를 열거나 간단한 실험	새 프로젝트 시작 및 실행 환경 구성
실행 환경	커서 내부 인터프리터 사용	uv가 만든 격리된 가상 환경 사용
대상 사용자	초보자, 파일 열기 중심 사용	개발자, 서버 실행 및 종속성 관리 목적
실행 예시	단순 코드 열기 및 실행	uv pip install, uv python main.py 등 활용

8. **File** > **Open Folder**를 클릭합니다. 앞에서 지정한 C:₩Users₩JYSEO 경로의 test-server를 선택합니다. 이러한 과정이 번거롭다면 test-server라는 폴더를 내려 받은 후 **Open Folder**에서 내려 받은 폴더를 지정해주면 됩니다.

   굳이 uv로 프로젝트를 생성하는 방법을 설명하는 이유는, 인터넷에서 받은 폴더에는 .py 파일 외에도 다양한 파일이 포함되어 있기 때문입니다. 이러한 파일들이 어떻게, 왜 생성되었는지를 이해하면 프로젝트 구조를 더 잘 파악할 수 있습니다. 또한 커서에서 프로젝트를 시작할 수 있는 여러 가지 방법을 함께 소개하기 위함이기도 합니다.

9. 이 책의 깃허브 저장소에서 제공되는 실습 파일들은 모두 uv로 생성된 프로젝트입니다. 따라서 직접 uv로 프로젝트를 만들었다면, 내려받은 test-server 폴더 안의 .py 파일들을 커서의 탐색기 창으로 드래그 앤 드롭해 주세요. 만약 uv로 프로젝트를 생성하지 않았다면, 커서에서 **Open Folder** 기능을 이용해 내려 받은 실습 폴더를 열어주면 됩니다.

   ▼ 그림 7-4 7장 실습 파일

   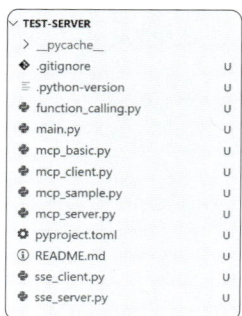

10. 먼저 Function Calling에 대한 코드는 다음과 같이 패키지를 설치하는 것부터 시작합니다. 설치는 커서의 터미널 창에서 진행하면 됩니다. **View > Terminal**을 클릭합니다.

```
PS C:\Users\JYSEO\test-server> pip install langchain langchain-openai openai
```

설치한 패키지는 다음과 같습니다.

- **langchain**: LLM을 기반으로 도구 호출, 메모리 관리, 체인 구성, RAG(Retrieval-Augmented Generation) 등을 쉽게 구현할 수 있게 해줍니다.
- **langchain-openai**: 랭체인과 OpenAI 모델(GPT-4o, GPT-3.5 등)을 연결해줍니다.
- **openai**: 랭체인 없이도 직접 OpenAI API를 호출할 수 있도록 해줍니다.

11. 설치 결과는 다음과 같습니다. 출력 마지막에 'Successfully installed'로 시작하는 문구가 보이면, 설치가 정상적으로 완료된 것입니다. 참고로 [notice]는 알림이 있을 때 표시되며, 아래 예시에서는 pip의 새로운 버전이 있다는 안내와 함께 업그레이드 명령어를 보여주고 있습니다.

코드

```
Collecting langchain
  Downloading langchain-0.3.25-py3-none-any.whl.metadata (7.8 kB)
Collecting langchain-openai
  Downloading langchain_openai-0.3.17-py3-none-any.whl.metadata (2.3 kB)
Collecting openai
  Downloading openai-1.78.1-py3-none-any.whl.metadata (25 kB)
Collecting langchain-core<1.0.0,>=0.3.58 (from langchain)
  Downloading langchain_core-0.3.60-py3-none-any.whl.metadata (5.8 kB)
--중간 생략--
Downloading langchain_core-0.3.60-py3-none-any.whl (437 kB)
Installing collected packages: openai, langchain-core, langchain-openai, langchain
  Attempting uninstall: langchain-core
    Found existing installation: langchain-core 0.3.57
    Uninstalling langchain-core-0.3.57:
```

```
        Successfully uninstalled langchain-core-0.3.57
Successfully installed langchain-0.3.25 langchain-core-0.3.60 langchain-
openai-0.3.17 openai-1.78.1

[notice] A new release of pip is available: 25.0.1 -> 25.1.1
[notice] To update, run: python.exe -m pip install --upgrade pip
```

> **노트**
>
> **[notice] 해결하기**
>
> [notice] 알림은 명령어를 실행할 때마다 발생하므로 해결하고 넘어가는 것이 좋습니다.
> 따라서 [notice] 가이드에 따라 다음과 같이 진행합니다.
>
> **코드**
>
> ```
> PS C:\Users\JYSEO\test-server> python.exe -m pip install --upgrade pip
> Requirement already satisfied: pip in c:\python313\lib\site-packages
> (25.0.1)
> Collecting pip
>   Downloading pip-25.1.1-py3-none-any.whl.metadata (3.6 kB)
> Downloading pip-25.1.1-py3-none-any.whl (1.8 MB)
> ─────────────────────────────────────────────
> 1.8/1.8 MB 10.8 MB/s eta 0:00:00
> Installing collected packages: pip
>   Attempting uninstall: pip
>     Found existing installation: pip 25.0.1
>     Uninstalling pip-25.0.1:
>       Successfully uninstalled pip-25.0.1
> Successfully installed pip-25.1.1
> ```

12. 이제 아래와 같이 코드를 작성해보겠습니다. Function Calling에 사용할 코드는 function_calling.py 파일을 참고해주세요. 코드에서 'sk…' 부분에는 3.1에서 받았던 본인의 OpenAI API 키를 입력하면 됩니다.

```
os.environ["OPENAI_API_KEY"] = "sk…"
```

코드

```python
import os
os.environ["OPENAI_API_KEY"] = "sk…"  # OpenAI API 키를 환경 변수로 설정

# 랭체인에서 함수를 도구로 등록할 수 있게 해주는 데코레이터
from langchain_core.tools import tool
# OpenAI LLM을 랭체인에서 사용하기 위한 클래스
from langchain_openai import ChatOpenAI
# 에이전트 초기화 및 도구 구성에 필요한 클래스들
from langchain.agents import initialize_agent, AgentType, Tool

# 간단한 덧셈 함수를 정의하고 랭체인 도구로 등록
@tool
def add(a: int, b: int) -> int:
    """두 숫자를 더합니다."""
    return a + b

# 간단한 뺄셈 함수를 정의하고 랭체인 도구로 등록
@tool
def subtract(a: int, b: int) -> int:
    """두 숫자를 뺍니다."""
    return a - b

# 위에서 정의한 도구들을 리스트로 구성
tools = [add, subtract]

# GPT-4o 모델을 기반으로 하는 OpenAI LLM을 생성 (temperature=0은 일관된 응답을 유도)
llm = ChatOpenAI(model="gpt-4o", temperature=0)

# 랭체인의 Function Calling 기반 에이전트를 초기화
# LLM이 사용자 입력을 분석해 적절한 도구(add/subtract)를 자동으로 선택해 호출
agent = initialize_agent(
    tools=tools,                              # 사용할 도구 목록
    llm=llm,                                  # 사용할 LLM (GPT-4o)
    agent=AgentType.OPENAI_FUNCTIONS,         # Function Calling 기반 에이전트 사용
    verbose=True                              # 실행 과정을 출력
)
```

```
# 사용자 질의 입력에 대해 에이전트가 적절한 도구(subtract)를 선택하여 실행
response = agent.invoke("7에서 3을 빼줘")

# 결과 출력
print("응답:", response)
```

코드에 대해 살펴볼까요? 다음과 같이 @tool로 시작하는 함수가 두 개 있습니다. 이것은 일반 함수를 LLM이 사용할 수 있는 '도구(tool)'로 등록하는 것을 의미합니다.

코드

```
@tool
def add(a: int, b: int) -> int:
    """두 숫자를 더합니다."""
    return a + b

@tool
def subtract(a: int, b: int) -> int:
    """두 숫자를 뺍니다."""
    return a - b
```

정의한 두 개의 도구를 리스트로 묶습니다. 이 리스트가 에이전트에게 전달됩니다.

코드

```
tools = [add, subtract]
```

마지막으로 agent를 초기화합니다.

코드

```
agent = initialize_agent(
    tools=tools,
    llm=llm,
    agent=AgentType.OPENAI_FUNCTIONS,
    verbose=True
)
```

- initialize_agent 함수로 랭체인 에이전트를 생성합니다.
- tools는 에이전트가 사용할 도구입니다.
- llm은 사용자의 질문을 보고 어떤 도구를 사용할지 결정합니다.
- AgentType.OPENAI_FUNCTIONS는 OpenAI Function Calling 기반의 에이전트를 의미하며, 자연어 입력에서 도구 호출로 자동 연결됩니다.
- verbose=True는 에이전트의 처리 과정을 콘솔에 출력합니다.

13. 탐색 창에서 function_calling.py를 클릭한 후 상단의 **Run Python File**을 클릭합니다.

▼ 그림 7-5 function_calling.py > Run Python File

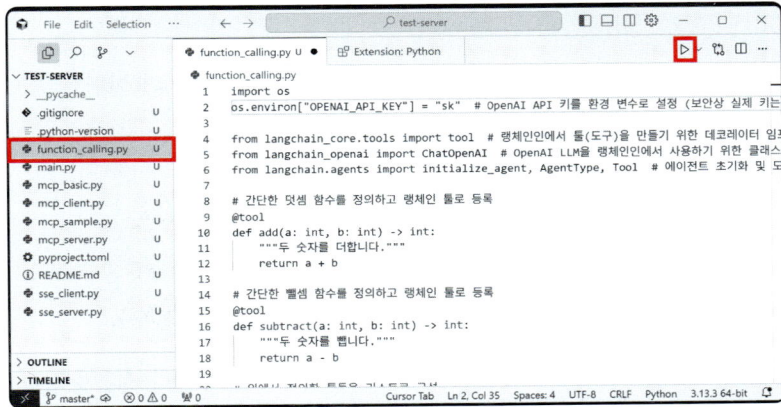

14. 코드 실행 결과는 터미널 창에 다음과 같이 나타납니다.

실행결과

```
PS C:\Users\JYSEO\test-server> & C:/Python313/python.exe c:/Users/JYSEO/test-server/function_calling.py
c:\Users\JYSEO\test-server\function_calling.py:26:
LangChainDeprecationWarning: LangChain agents will continue to be supported, but it is recommended for new use cases to be built with LangGraph. LangGraph offers a more flexible and full-featured framework for building agents, including support for tool-calling, persistence of state, and human-in-the-loop workflows. For details, refer to the `LangGraph documentation <https://langchain-ai.github.io/langgraph/>`_ as well as guides for `Migrating from AgentExecutor <https://python.langchain.com/
```

```
docs/how_to/migrate_agent/>`_ and LangGraph's `Pre-built ReAct agent
<https://langchain-ai.github.io/langgraph/how-tos/create-react-agent/>`_.
  agent = initialize_agent(

> Entering new AgentExecutor chain...

Invoking: `subtract` with `{'a': 7, 'b': 3}`

47에서 3을 빼면 4입니다.

> Finished chain.
응답: {'input': '7에서 3을 빼줘', 'output': '7에서 3을 빼면 4입니다.'}
```

15. 이번에는 MCP를 이용해보겠습니다. MCP를 이용한 코드는 조금 더 간단한데요. 먼저 fastmcp 패키지를 터미널 창에서 다음과 같이 설치합니다.

```
PS C:\Users\JYSEO\test-server> pip install mcp fastmcp
```

16. 설치가 완료되면 다음과 같이 'Successfully'로 시작하는 문구가 나타납니다. 중간에 오류가 발생하더라도 최종적으로 'Successfully'로 시작하는 문장이 나타난다면 정상적으로 설치된 것입니다.

실행결과

```
Collecting mcp
  Using cached mcp-1.9.0-py3-none-any.whl.metadata (26 kB)
Collecting fastmcp
  Downloading fastmcp-2.3.4-py3-none-any.whl.metadata (15 kB)
--중간 생략--
Using cached mcp-1.9.0-py3-none-any.whl (125 kB)
Using cached fastmcp-2.3.4-py3-none-any.whl (96 kB)
Installing collected packages: mcp, fastmcp
Successfully installed fastmcp-2.3.4 mcp-1.9.0
```

17. 코드는 탐색기 창의 mcp_sample.py 파일을 참조해주세요. 코드 실행은 커서에서 **Run Python File**을 클릭하면 됩니다.

코드

```python
# FastMCP는 MCP 서버를 빠르게 설정할 수 있는 클래스
from mcp.server.fastmcp import FastMCP
import logging   # 로깅 모듈로서 실행 정보를 출력하기 위해 사용
import asyncio   # 비동기 서버 실행을 위해 사용

# 로깅 설정: INFO 레벨 이상의 메시지를 출력
logging.basicConfig(level=logging.INFO)

# MCP 서버 초기화: "Math"는 서버 이름으로 클라이언트에 노출됨
mcp = FastMCP("Math")

# 더하기 도구 정의 및 MCP에 등록
@mcp.tool()
def add(a: int, b: int) -> int:
    """두 숫자를 더합니다."""
    logging.info(f"Adding {a} + {b}")   # 로그에 연산 내용 출력
    return a + b   # 두 수를 더한 값을 반환

# 빼기 도구 정의 및 MCP에 등록
@mcp.tool()
def subtract(a: int, b: int) -> int:
    """두 숫자를 뺍니다."""
    logging.info(f"Subtracting {a} - {b}")   # 로그에 연산 내용 출력
    return a - b   # 두 수를 뺀 값을 반환

# MCP 서버 실행
if __name__ == "__main__":
    asyncio.run(mcp.run(transport="stdio"))   # MCP 서버를 Stdio 방식으로 실행
    (ex. Cursor나 Claude Desktop에서 연결 가능)
```

18. 현재 코드는 서버 부분만 구현되어 있기 때문에, 실행해도 아래와 같이 아무런 반응이 나타나지 않습니다.

그림 7-6 실행 결과

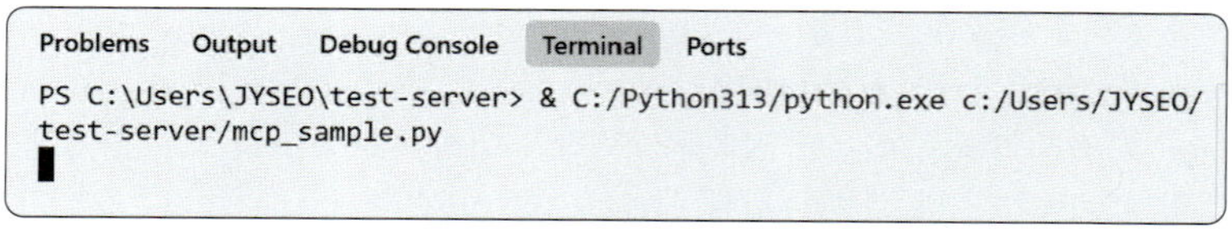
Problems Output Debug Console Terminal Ports
PS C:\Users\JYSEO\test-server> & C:/Python313/python.exe c:/Users/JYSEO/test-server/mcp_sample.py

이 코드는 **MCP** 기반의 서버를 만들고, '더하기'와 '빼기' 기능을 외부 클라이언트가 사용할 수 있도록 **도구(tool)** 형태로 노출하는 예제입니다. 하나씩 자세히 살펴볼까요?

먼저 FastMCP는 MCP 서버를 빠르게 구성할 수 있는 클래스입니다.

코드

```
from mcp.server.fastmcp import FastMCP
```

이후 'Math'라는 이름의 MCP 서버 인스턴스를 생성합니다. 이때 FastMCP 객체는 도구(tool)를 등록하고 실행할 수 있는 MCP 서버를 나타냅니다.

코드

```
mcp = FastMCP("Math")
```

다음으로 도구를 정의합니다. 도구 등록은 다음과 같이 @mcp.tool()로 시작합니다. 이 도구는 외부의 LLM 또는 MCP 클라이언트가 JSON 기반으로 호출할 수 있습니다.

코드

```
@mcp.tool()
def add(a: int, b: int) -> int:
    ...

@mcp.tool()
def subtract(a: int, b: int) -> int:
    ...
```

마지막으로 서버를 실행합니다. transport="stdio"로 지정하여 표준 입력/출력 방식으로 외부 MCP 클라이언트와 통신할 수 있도록 합니다. 예를 들어 커서, 클로드 데스크톱, 스미더리 등이 이 방식을 사용해서 연결할 수 있습니다.

> 코드

```python
if __name__ == "__main__":
    asyncio.run(mcp.run(transport="stdio"))
```

이 코드가 조금 복잡하다면 더 간단한 코드로 알아볼까요? 코드는 mcp_basic.py 파일을 참조하세요.

> 코드

```python
# FastMCP: 간단한 MCP 서버를 빠르게 생성하기 위한 클래스
from fastmcp import FastMCP

# MCP 서버 초기화: "Math"는 서버 이름으로 클라이언트에 노출됨
mcp = FastMCP("더하기")

# 더하기 도구 정의 및 MCP에 등록
@mcp.tool()
def add(a: int, b: int) -> int:
    """a와 b를 더하기"""
    return a + b  # 두 숫자를 더한 결과를 반환

# MCP 서버 실행
if __name__ == "__main__":
    mcp.run()
```

앞에서 대략 살펴봤으므로 코드에 대한 설명은 간단히 진행합니다.

- `from fastmcp import FastMCP`에서 FastMCP는 MCP 서버를 빠르게 생성할 수 있게 도와주는 클래스입니다
- `mcp = FastMCP("더하기")`는 MCP 서버 인스턴스를 생성한 것으로 이 MCP의 이름은 '더하기'로 설정됩니다.

다음 코드는 add라는 MCP 도구(tool)를 등록하는 것입니다.

코드
```
@mcp.tool()
def add(a: int, b: int) -> int:
    """a와 b를 더하기"""
    return a + b
```

다음은 MCP 서버를 실행시키는 부분입니다. `mcp.run()`을 호출하면, MCP 서버가 등록된 도구(tool)들을 가지고 실행 대기 상태에 들어갑니다. 이때 `run()`이 비동기 함수(async def)로 정의되어 있다면, `asyncio.run(mcp.run())`처럼 실행해야 하고, 동기 함수(def)인 경우에는 그냥 `mcp.run()`으로 실행해도 됩니다.

코드
```
if __name__ == "__main__":
    mcp.run()
```

차이가 명확히 보이나요? Function Calling보다는 MCP를 이용한 코드가 간편해 보이죠? 사용도 편리하니 이제부터 MCP 사용에 대한 방법을 좀 더 자세히 알아보겠습니다.

7.2 통신 방식에 따른 MCP 서버 생성하기

MCP에서 통신 방식은 Stdio와 SSE, 두 가지가 있다고 했습니다. 먼저 Stdio 방식에 대해 알아보겠습니다.

7.2.1 Stdio 방식 사용하기

사용할 폴더: test-server
사용할 파일: mcp_server.py, mcp_client.py

1. Stdio 방식 실습은 7.1에서 열어두었던 test-server 폴더에서 진행합니다.

2. 탐색 창에 있는 mcp_server.py을 클릭하면 다음과 같은 코드가 열립니다.

코드

```python
# MCP 서버 및 도구 실행 시 context 정보 처리
from mcp.server.fastmcp import FastMCP, Context
# OpenAI의 LLM을 랭체인 인터페이스로 사용하기 위한 클래스
from langchain_openai import ChatOpenAI

import os
# OpenAI API 키를 환경 변수에 저장
os.environ["OPENAI_API_KEY"] = "sk..."

# MCP 서버 초기화 ("GPT-4o MCP"는 서버 식별 이름이며, 클라이언트에 표시됨)
mcp = FastMCP("GPT-4o MCP")

# GPT-4o에 질문을 보내는 도구 정의
@mcp.tool()
async def ask_gpt(ctx: Context, question: str) -> str:
    # GPT-4o 모델 인스턴스 생성 (temperature=0.3은 약간의 다양성 허용)
    llm = ChatOpenAI(model="gpt-4o", temperature=0.3)
    # 사용자의 질문을 모델에 전달하고 결과를 반환
    return llm.invoke(question)

# MCP 서버 실행 (Stdio 표준 입출력 기반으로 통신)
if __name__ == "__main__":
    mcp.run(transport="stdio")
```

전체 코드 중 앞에서 설명하지 않았던 아래 부분에 대해서만 살펴보겠습니다.

코드

```
@mcp.tool()
async def ask_gpt(ctx: Context, question: str) -> str:
    llm = ChatOpenAI(model="gpt-4o", temperature=0.3)
    return llm.predict(question)
```

위 코드는 비동기 함수(async def)로 ask_gpt()를 생성합니다.

- **ctx: Context**: MCP의 컨텍스트 객체에는 요청 정보나 사용자 세션 같은 내용이 담길 수 있습니다. 지금은 이 코드에서 쓰이지 않지만, 나중에 로그를 남기거나 대화 내용을 저장할 때 활용하면 좋습니다.
- **question: str**: 사용자가 입력한 질문입니다.

3. 코드를 실행해보겠습니다. **Run Python File**을 클릭합니다. 그러면 다음과 같은 결과를 보여줍니다. 아래와 같이 아무런 반응이 없는 것이 정상입니다. 이 상태 그대로 유지합니다.

▼ **그림 7-7** 실행 결과

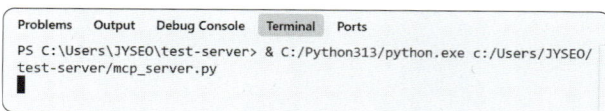

4. 이제 클라이언트가 필요한데요. 서버와 클라이언트가 동시에 실행되어야 하기 때문에 클라이언트는 새로운 창에서 실행해야 합니다. 커서에서 **File > New Window**를 클릭합니다.

▼ **그림 7-8** File > New Window

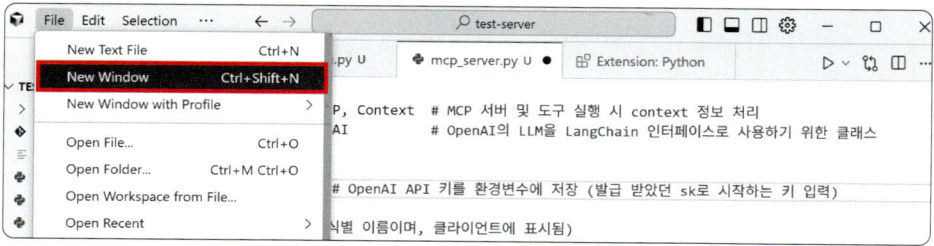

5. 새 메인 화면에서 **File › New Text File**을 클릭한 후 다음 코드를 입력합니다.

   `코드`

   ```python
   import asyncio
   from mcp_server import ask_gpt  # MCP 도구로 정의된 ask_gpt 함수를 직접 가져옴

   # 클라이언트 함수: 질문을 보내고 응답을 출력
   async def client():
       question = "mcp와 agent의 관계는?"
       # MCP context는 사용되지 않으므로 None 전달
       result = await ask_gpt(None, question)
       print("답변:", result)

   # 비동기 함수 실행
   asyncio.run(client())
   ```

   혹은 내려 받은 파일 mcp_client.py을 드래그 앤 드롭으로 커서에 옮긴 후 **File › Save As**를 다음과 같이 지정합니다.

   - 파일 위치: C:\Users\JYSEO\test-server
   - 파일 이름: mcp_client2.py(C:\Users\JYSEO\test-server 위치에 이미 mcp_client.py라는 파일이 있으므로 mcp_client2.py으로 이름을 지정합니다. 파일이 없다면 mcp_client.py 이름으로 지정해줍니다)
   - 파일 형식: Python

6. **Run Python File**을 클릭하여 코드를 실행합니다. 그러면 터미널 창에 다음과 같은 결과를 보여줍니다. 다음 코드는 mcp_client2.py가 아닌 mcp_client.py 이름의 파일을 사용한 것입니다.

   `코드`

   ```
   PS C:\Users\JYSEO\test-server> & C:/Python313/python.exe c:/Users/JYSEO/test-server/mcp_client.py
   [05/02/25 19:41:30] INFO     HTTP Request: POST https://api.openai.com/v1/chat/completions "HTTP/1.1 200 OK"          _client.py:1025
   ```

답변: content='MCP와 에이전트의 관계는 일반적으로 소프트웨어 아키텍처나 시스템 설계에서 사용되는 개념입니다. MCP는 "Master Control Program"의 약자로, 시스템의 중심에서 주요 기능을 관리하고 조정하는 역할을 합니다. 에이전트는 특정 작업이나 기능을 수행하기 위해 설계 된 독립적인 프로그램이나 프로세스를 의미합니다.\n\n이 둘의 관계는 다음과 같이 설명할 수 있습니다:\n\n1. **중앙 관리**: MCP는 여러 에이전트를 중앙에서 관리하고 조정합니다. 각 에이전트는 특정한 작업을 수행하며, MCP는 이들이 올바르게 작동하도록 지시하고 모니터링합니 다.\n\n2. **통신**: MCP와 에이전트는 서로 통신하여 정보를 교환합니다. MCP는 에이전트에게 명령을 보내고, 에이전트는 작업 결과나 상태 정보를 MCP에 보고합니다.\n\n3. **확장성**: MCP 구조는 시스템의 확장성을 높입니다. 새로운 기능이 필요할 때, 새로운 에이전트를 추가하 여 시스템을 확장할 수 있습니다.\n\n4. **유연성**: 에이전트는 독립적으로 작동할 수 있기 때문에, 시스템의 특정 부분을 수정하거나 교체 할 때 전체 시스템에 미치는 영향을 최소화할 수 있습니다.\n\n이러한 관계는 다양한 소프트웨어 시스템에서 사용되며, 특히 분산 시스템이나 복잡한 소프트웨어 환경에서 유용합니다.' additional_kwargs={'refusal': None} response_metadata={'token_usage': {'completion_tokens': 322, 'prompt_tokens': 15, 'total_tokens': 337, 'completion_tokens_details': {'accepted_prediction_tokens': 0, 'audio_tokens': 0, 'reasoning_tokens': 0, 'rejected_prediction_tokens': 0}, 'prompt_tokens_details': {'audio_tokens': 0, 'cached_tokens': 0}}, 'model_name': 'gpt-4o-2024-08-06', 'system_fingerprint': 'fp_f5bdcc3276', 'id': 'chatcmpl-BSi7ZkxmHpXH8gbGxoJPFLqcXcd5L', 'finish_reason': 'stop', 'logprobs': None} id='run-b709064d-bdc2-46ba-936d-a1433db324a0-0' usage_metadata={'input_tokens': 15, 'output_tokens': 322, 'total_tokens': 337, 'input_token_details': {'audio': 0, 'cache_read': 0}, 'output_token_details': {'audio': 0, 'reasoning': 0}}

결과를 확인했으면 3번을 실행한 터미널 창에서 Ctrl + C 를 눌러 실행을 종료합니다.

여기서 만약 아나콘다의 주피터 노트북을 사용했다고 가정해보세요. .py라는 확장자로 실행해야 하기 때문에 주피터 노트북에서 코드를 생성한 후 명령 프롬프트에서 실행해야 하고, 이때 오류가 있다면 다시 주피터 노트북에서 수정해야 하는 과정을 반복해야 합니다. 하지만 커서를 이용하면 바로 실행할 수 있기 때문에 코딩이 간편해집니다.

바로 이어서 SSE 방식으로 연결하는 방법에 대해서도 알아보겠습니다.

7.2.2 SSE 방식 사용하기

> 사용할 폴더: test-server
> 사용할 파일: sse_server.py, sse_client.py

1. 먼저 커서를 실행한 후 터미널 창에서 필요한 라이브러리를 설치합니다.

```
PS C:\Users\JYSEO\test-server> pip install fastapi uvicorn langchain langchain-openai openai
```

Function Calling 실습에서 설치했던 패키지를 제외한 나머지만 살펴보면 다음과 같습니다.

- **fastapi**: 웹 애플리케이션이나 API 서버를 쉽게 만들 수 있는 파이썬 기반 웹 프레임워크입니다.
- **uvicorn**: FastAPI 서버를 실제로 실행하는 데 사용하는 ASGI 서버입니다.

2. 설치 결과는 다음과 같습니다.

실행결과

```
Collecting fastapi
  Using cached fastapi-0.115.12-py3-none-any.whl.metadata (27 kB)
Collecting uvicorn
Using cached uvicorn-0.34.2-py3-none-any.whl.metadata (6.5 kB)
Requirement already satisfied: langchain in c:\python313\lib\site-packages (0.3.25)
Requirement already satisfied: langchain-openai in c:\python313\lib\site-packages (0.3.17)
Requirement already satisfied: openai in c:\python313\lib\site-packages (1.78.1)
--중간 생략--
Requirement already satisfied: colorama in c:\users\jyseo\appdata\roaming\python\python313\site-packages (from click>=7.0->uvicorn) (0.4.6)
Using cached fastapi-0.115.12-py3-none-any.whl (95 kB)
```

```
Using cached uvicorn-0.34.2-py3-none-any.whl (62 kB)
Installing collected packages: uvicorn, fastapi
Successfully installed fastapi-0.115.12 uvicorn-0.34.2
```

> **노트**
>
> **패키지 설치 시 오류가 발생할 경우**
>
> 패키지를 설치하는데, 다음과 같은 오류가 발생할 수 있습니다.
>
> **코드**
>
> ```
> ERROR: pip's dependency resolver does not currently take into account
> all the packages that are installed. This behaviour is the source of
> the following dependency conflicts.
> chromadb 1.0.5 requires fastapi==0.115.9, but you have fastapi 0.115.12
> which is incompatible.
> ```
>
> 이 오류는 주로 버전 충돌로 인해 발생하며, 보통은 관련 패키지를 최신 버전으로 업그레이드하면 해결됩니다. 업그레이드할 대상은 오류 메시지에 따라 달라지는데, 이번 경우는 chromadb와 관련된 문제이므로 다음과 같이 명령어를 실행합니다.
>
> **코드**
>
> ```
> PS C:\Users\JYSEO\test-server> pip install --upgrade chromadb
> Requirement already satisfied: chromadb in c:\users\jyseo\appdata\
> roaming\python\python313\site-packages (1.0.5)
> Collecting chromadb
>   Downloading chromadb-1.0.9-cp39-abi3-win_amd64.whl.metadata (7.0 kB)
> Requirement already satisfied: build>=1.0.3 in c:\users\jyseo\appdata\
> roaming\python\python313\site-packages (from chromadb) (1.2.2.post1)
> --중간 생략--
> Attempting uninstall: fastapi
>     Found existing installation: fastapi 0.115.12
>     Uninstalling fastapi-0.115.12:
>       Successfully uninstalled fastapi-0.115.12
>   Attempting uninstall: chromadb
>     Found existing installation: chromadb 1.0.5
>     Uninstalling chromadb-1.0.5:
>       Successfully uninstalled chromadb-1.0.5
> Successfully installed chromadb-1.0.9 fastapi-0.115.9
> ```

3. 이제 MCP 서버를 생성합니다. 이번에 생성할 서버는 **LangChain + OpenAI GPT-4o + MCP + FastAPI + SSE**를 모두 결합하여 만든 **완전한 실시간 AI 채팅 서버**입니다. 파일은 sse_server.py를 참조하세요.

```python
import os
# OpenAI API 키를 환경 변수에 설정
os.environ["OPENAI_API_KEY"] = "sk…"

from fastapi import FastAPI, Request  # FastAPI로 웹 서버 및 HTTP 요청 처리
from langchain_openai import ChatOpenAI  # 랭체인에서 OpenAI LLM(GPT-4o) 사용
from mcp.server.fastmcp import FastMCP  # MCP 서버를 빠르게 구성하는 클래스
from mcp.server.sse import SseServerTransport  # SSE 통신을 위한 MCP 전송 계층
from starlette.routing import Mount, Route  # FastAPI의 라우팅 설정을 위한 Starlette 모듈
import uvicorn  # FastAPI 앱을 실행하기 위한 서버 라이브러리

# LLM 인스턴스 생성 (GPT-4o 모델 사용)
llm = ChatOpenAI(model="gpt-4o")

# MCP 서버 초기화 ("chatbot"이라는 이름으로 MCP 서버 생성)
mcp = FastMCP("chatbot", llm=llm)

# 단순 대화용 MCP 도구 정의
@mcp.tool()
async def chat(input: str) -> str:
    """LLM과 일반적인 대화를 수행합니다."""
    # GPT-4o에게 입력을 비동기로 전달하고 응답을 받음
    result = await llm.ainvoke(input)

    # 답변이 .content에 있으면 문자열로 꺼내서 반환
    if hasattr(result, "content"):
        return str(result.content)
    return str(result)  # 없으면 전체 결과를 문자열로 반환

# SSE 서버 전송 계층 설정 ("/messages/" 경로로 POST 및 스트리밍 처리)
sse = SseServerTransport("/messages/")
```

```python
# SSE 연결을 처리하는 엔드포인트 함수 정의
async def handle_sse(request: Request) -> None:
    # 클라이언트와의 SSE 연결을 수립하고, MCP 서버의 처리 루프를 실행
    async with sse.connect_sse(
        request.scope,          # HTTP 요청의 범위 정보
        request.receive,        # 클라이언트에서 수신되는 메시지
        request._send,          # 클라이언트로 전송할 메시지
    ) as (read_stream, write_stream):  # 읽기/쓰기 스트림 객체 확보
        await mcp._mcp_server.run(     # MCP 서버 실행
            read_stream,               # 클라이언트 입력 스트림
            write_stream,              # 클라이언트 출력 스트림
            mcp._mcp_server.create_initialization_options(),  # 초기화 옵션
        )

# FastAPI 애플리케이션 인스턴스 생성
app = FastAPI(
    debug=True,    # 디버그 모드 활성화
    routes=[
        Route("/sse", endpoint=handle_sse),  # 실시간 SSE 연결 핸들러 등록
        # 메시지 POST 처리용 경로 등록
        Mount("/messages/", app=sse.handle_post_message),
    ],
)

# 파이썬 스크립트가 직접 실행될 경우, uvicorn으로 FastAPI 서버 실행
if __name__ == "__main__":
    # "sse_server"는 현재 파일명 (sse_server.py)
    # reload=True는 코드 변경 시 자동 재시작 기능 (개발 편의성)
    uvicorn.run("sse_server:app", host="127.0.0.1", port=3000, reload=True)
```

사용한 코드에 대해 자세히 알아봅시다. 먼저 MCP 서버를 초기화하는 부분인데요. "chatbot"이라는 MCP 서버의 이름 옆에 MCP 서버에서 사용할 LLM을 지정합니다.

코드

```
mcp = FastMCP("chatbot", llm=llm)
```

도구로 사용할 함수를 정의합니다. 사용자가 입력한 input을 LLM에 전달하고, 응답을 그대로 돌려줍니다(GPT가 생성한 답변을 수정하거나 가공하지 않고, 있는 그대로 사용자에게 전달합니다). 또한 ainvoke()는 GPT-4o와의 비동기 호출 방식입니다.

코드

```python
@mcp.tool()
async def chat(input: str) -> str:
    """LLM과 일반적인 대화를 수행합니다."""
    result = await llm.ainvoke(input)
```

이제 SSE를 설정합니다. SSE는 서버에서 클라이언트로 실시간 데이터를 전달하기 위한 통신 방식입니다. 이때 /messages/는 메시지를 받을 기본 URL 경로입니다.

코드

```python
sse = SseServerTransport("/messages/")
```

다음은 SSE 요청 처리 함수입니다. 클라이언트가 /sse로 연결하면 이 함수가 호출됩니다. 즉, SSE 기반으로 MCP 요청/응답이 오가는 통로 역할을 한다고 이해하면 됩니다.

코드

```python
async def handle_sse(request: Request) -> None:
    async with sse.connect_sse(...) as (read_stream, write_stream):
        await mcp._mcp_server.run(read_stream, write_stream, ...)
```

이제 FastAPI를 생성합니다. 실시간 연결(/sse)과 요청 전송(/messages/)은 역할이 다르기 때문에, 분리된 경로를 사용합니다.

코드

```python
from fastapi import FastAPI
from starlette.routing import Route, Mount

app = FastAPI(
    debug=True,
    routes=[
```

```
        Route("/sse", endpoint=handle_sse),
        Mount("/messages/", app=sse.handle_post_message),
    ],
)
```

- **Route**: 단일 함수(엔드포인트)를 경로에 연결할 때 사용합니다. (예 /sse → handle_sse)
- **Mount**: 전체 하위 앱을 특정 경로에 연결할 때 사용합니다. (예 /messages/ → sse.handle_post_message)

따라서 다음과 같은 구분이 가능합니다.

- 사용자가 /sse로 연결하면 실시간 채팅을 위한 연결을 유지합니다.
- 사용자가 /messages/로 메시지를 보내면 GPT-4o에게 전달됩니다.

마지막으로 서버를 실행합니다. uvicorn은 FastAPI 서버를 실행하는 엔진입니다. 이 때 sse_server:app은 sse_server.py 파일에 있는 app을 실행한다는 의미입니다. 또한 127.0.0.1:3000에서 서버가 작동(내 컴퓨터에서 서버가 작동)하고, reload=True이면 파일 수정 시 자동으로 재시작됨을 의미합니다.

코드
```
if __name__ == "__main__":
    uvicorn.run("sse_server:app", host="127.0.0.1", port=3000, reload=True)
```

4. 이제 서버를 실행하겠습니다. **Run Python File**을 클릭합니다.

5. 실행 결과는 다음과 같습니다. 이 상태 그대로 유지합니다.

▼ **그림 7-9** 실행 결과

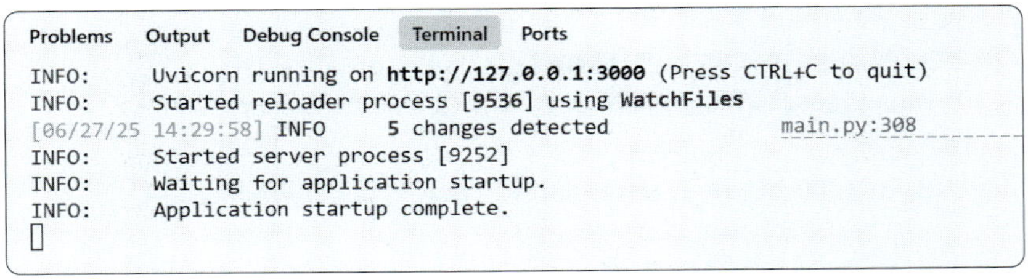

```
Problems   Output   Debug Console   Terminal   Ports
INFO:     Uvicorn running on http://127.0.0.1:3000 (Press CTRL+C to quit)
INFO:     Started reloader process [9536] using WatchFiles
[06/27/25 14:29:58] INFO     5 changes detected                    main.py:308
INFO:     Started server process [9252]
INFO:     Waiting for application startup.
INFO:     Application startup complete.
```

6. 이제 클라이언트를 생성해야 합니다. 클라이언트는 **SSE 기반 MCP 서버**에 연결해 GPT-4o와 대화할 수 있는 **MCP 클라이언트 프로그램**입니다. 이번에도 서버와 클라이언트를 동시에 실행해야 하기 때문에 커서에서 **File > New Window**를 클릭합니다. 새 화면에서 **File > New Text File**을 클릭한 후 다음 코드를 입력합니다.

코드

```python
import asyncio   # 비동기 함수 실행을 위한 모듈
import sys       # 파이썬 인터프리터와 상호작용할 수 있는 기능을 제공하는 모듈
import json      # JSON 문자열 파싱

from mcp import ClientSession  # MCP 클라이언트 세션 객체
from mcp.client.sse import sse_client  # SSE 방식으로 MCP 서버와 통신하는 클라이언트

# 비동기 메인 함수 정의
async def main():

    # 프로그램 실행 시 함께 입력해야 하는 값이 없을 경우, 올바른 실행 방법을 안내하고
    프로그램을 종료 (즉, 서버 URL이 전달되었는지 검사)
    if len(sys.argv) < 2:
        # 사용법 안내
        print("Usage: python client.py http://127.0.0.1:3000/sse")
        return

    url = sys.argv[1]   # 프로그램 실행 시 함께 입력된 값 중에서 첫 번째 입력값(파일 이름 다음에 오는 값)을 꺼내어 url이라는 이름의 변수에 담음
    print(f"[클라이언트] 서버에 SSE 연결 시도 중... ({url})")
```

```python
        # SSE 클라이언트를 통해 서버에 연결
    async with sse_client(url) as (reader, writer):
        # MCP 프로토콜 세션 초기화
        async with ClientSession(reader, writer) as session:
            await session.initialize()  # 초기 MCP handshake 수행

            print("MCP Chat Client 시작됨. 'quit' 입력 시 종료됩니다.")

            # 사용자 입력 루프
            while True:
                user_input = input("\nQuery: ").strip()  # 사용자 질문 입력 받기
                if user_input.lower() == "quit":  # 'quit' 입력 시 종료
                    break

                try:
                    # MCP 서버에 "chat" 도구를 호출하고 사용자 입력 전달
                    response = await session.call_tool("chat", {"input": user_input})

                    # 응답의 content가 문자열인 경우 JSON인지 판별
                    if isinstance(response.content, str):
                        try:
                            # JSON 파싱 시도
                            data = json.loads(response.content)
                            # JSON 구조일 경우 content 필드 출력
                            print("\n GPT-4o 응답:\n" + data["content"])
                        except json.JSONDecodeError:
                            # 그냥 텍스트일 경우 그대로 출력
                            print("\n GPT-4o 응답:\n" + response.content)
                    # content가 dict 타입이면 content 필드 추출
                    elif isinstance(response.content, dict):
                        print("\n GPT-4o 응답:\n" + response.content.get("content", str(response.content)))
                    else:
                        # 그 외 타입은 문자열로 변환하여 출력
                        print("\n GPT-4o 응답:\n" + str(response.content))

                except Exception as e:
```

```
                       # 예외 발생 시 메시지 출력
                       print(f"오류 발생: {e}")

# main() 비동기 함수 실행
if __name__ == "__main__":
    asyncio.run(main())
```

혹은 내려 받은 파일 sse_client.py을 드래그 앤 드롭으로 커서에 옮긴 후 **File > Save As**
를 다음과 같이 지정합니다.

- 파일 위치: C:\Users\JYSEO\test-server
- 파일 이름: sse_client.py(C:\Users\JYSEO\test-server 위치에 이미 sse_client. py라는 파일이 있으므로 sse_client2.py으로 이름을 지정합니다. 파일이 없다면 sse_client.py 이름으로 지정해줍니다)
- 파일 형식: Python

코드를 자세히 살펴볼까요? 먼저 사용한 패키지는 다음과 같은 용도로 사용됩니다.

코드

```
import asyncio
import sys
import json
from mcp import ClientSession
from mcp.client.sse import sse_client
```

- **asyncio**: 비동기식으로 코드를 실행합니다.
- **sys**: 명령줄 인자(서버 주소)를 받기 위해 사용합니다.
- **json**: GPT 응답이 JSON 형식일 수 있어서, 파싱 용도로 사용합니다.
- **ClientSession**: MCP 세션을 엽니다.
- **sse_client**: SSE 방식으로 MCP 서버에 연결합니다.

이제 main 함수의 내용을 한 줄씩 살펴보겠습니다. 다음은 사용자가 프로그램을 제대로 실행하지 않았을 때 '어떻게 실행해야 하는지' 알려주는 메시지를 띄워주는 코드입니다. 즉, 'sys.argv의 길이가 2보다 작으면'이란 사용자가 URL 없이 실행할 때를 의미합니다. 정리하면, 사용자가 client.py를 실행할 때 접속할 서버 주소(http://127.0.0.1:3000/sse)를 함께 입력해야 한다는 뜻입니다.

코드

```
if len(sys.argv) < 2:
    print("Usage: python client.py http://127.0.0.1:3000/sse")
```

사용자가 파이썬 프로그램을 실행할 때 입력한 서버 주소를 코드 안에서 url이라는 변수에 담습니다.

코드

```
url = sys.argv[1]
print(f"[클라이언트] 서버에 SSE 연결 시도 중... ({url})")
```

- **sys.argv[0]**: 실행한 파일 이름(client.py)
- **sys.argv[1]**: 사용자가 입력한 서버 주소(http://127.0.0.1:3000/sse)

이제 MCP 서버에 연결합니다.

코드

```
async with sse_client(url) as (reader, writer):
    async with ClientSession(reader, writer) as session:
        await session.initialize()
```

- **sse_client()**: 서버와 SSE를 연결합니다(실시간 연결).
- **ClientSession**: GPT와 메시지를 주고받는 세션을 여는 역할을 합니다.
- **await session.initialize()**: 세션을 초기화합니다.

질문을 입력 받고 대화를 이어갑니다. 사용자에게 질문을 입력 받고 종료 시 **quit**을 입력하여 종료합니다.

> 코드

```
while True:
    user_input = input("\nQuery: ").strip()
    if user_input.lower() == "quit":
        break
```

chat이라는 이름의 도구(MCP 서버에 등록된 함수)를 호출합니다.

> 코드

```
response = await session.call_tool("chat", {"input": user_input})
```

gpt-4o 응답을 출력합니다. MCP 서버로부터 받은 응답(response)이 문자열인지 확인하고, 그 문자열이 JSON 형식인지 파싱해서 그 안에 있는 "content" 값을 출력합니다.

> 코드

```
if isinstance(response.content, str):
    try:
        data = json.loads(response.content)
        print(data["content"])
```

예외 처리에 대한 코드를 입력합니다. GPT 호출 중 오류 발생 시 오류 메시지를 출력합니다.

> 코드

```
except Exception as e:
    print(f"오류 발생: {e}")
```

7. 이제 실행해보겠습니다. 터미널 창에서 다음과 같이 실행합니다(아래 코드는 sse_client2.py이 아닌 sse_client.py 파일 이름을 지정해서 사용한 것입니다). 이때 python. exe와 sse_client.py 혹은 sse_client2.py 파일은 본인이 사용하는 경로로 바꿔주세요.

코드

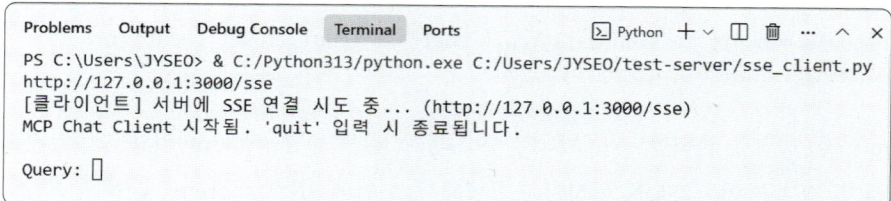

```
PS C:\Users\JYSEO> & C:/Python313/python.exe C:/Users/JYSEO/test-server/
sse_client.py http://127.0.0.1:3000/sse
```

8. 그러면 다음과 같은 결과를 보여줍니다.

▼ 그림 7-10 실행 결과

9. 이제 Query 부분에 'AI Agent란?'이라고 입력한 후 Enter 키를 누릅니다. 그러면 다음과 같은 결과를 보여줍니다.

▼ 그림 7-11 실행 결과

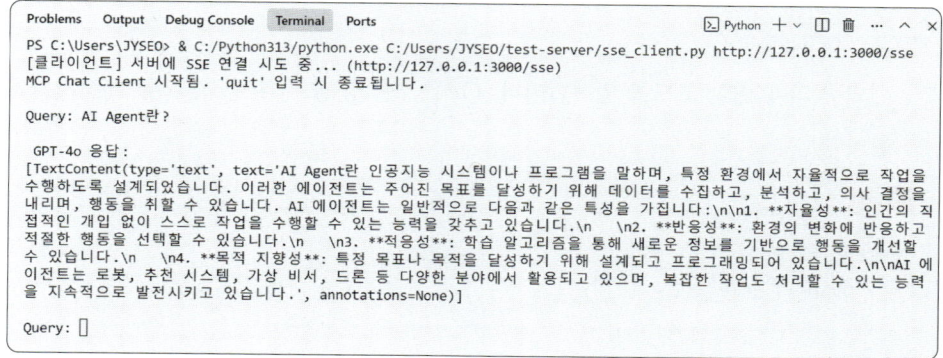

Query 부분에 또 다른 질문을 해보세요. 종료하려면 **quit**를 입력하면 됩니다.

역시 주피터 노트북에서 코드를 생성했다면, py라는 확장자로 내려 받아 명령 프롬프트에서 실행하는 과정을 여러 차례 거쳐야 했을 것입니다. 그래서 최근에는 커서를 많이 사용합니다.

다음 장부터는 커서를 이용해서 MCP 서버를 생성하고 연결하는 방법에 대해 알아보겠습니다.

CHAPTER 8

커서에서 MCP 서버 만들고 연결하기

SECTION 1   나만의 MCP 서버 생성하여 연결하기

SECTION 2   공개 MCP 서버 연결하기

8.1 나만의 MCP 서버 생성하여 연결하기

8.1.1 Math MCP 서버 생성하기

나만의 MCP 서버를 만드는 첫 번째 실습입니다. 더하기와 빼기 기능을 수행하는 간단한 서버를 만들어 보겠습니다.

> 사용할 폴더: math-server
> 사용할 파일: math_server.py

1. 바탕화면에서 커서를 실행하여 **File > Open Folder**를 클릭한 뒤 C:\Users\JYSEO 경로의 math-server를 선택합니다. 그러면 탐색 창에 다음과 같은 파일들이 보입니다.

   ▼ 그림 8-1 폴더 열기 결과

   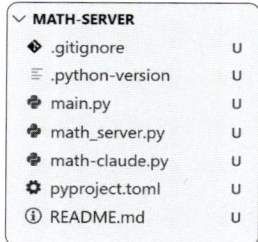

2. 여기서 사용할 코드는 math_server.py입니다. 코드 내용은 다음과 같습니다.

   코드

```python
# 로깅 기능을 위한 모듈 가져오기
import logging

# FastMCP 서버를 사용하기 위한 클래스 가져오기
from mcp.server.fastmcp import FastMCP

# 로깅 설정: INFO 레벨 이상의 로그를 출력
```

```python
logging.basicConfig(level=logging.INFO)

# MCP 서버 인스턴스 생성 ("Math"는 이 MCP의 이름 역할)
mcp = FastMCP("Math")

# 도구 1: 더하기 함수
@mcp.tool()
def add(a, b) -> int:
    """더하기"""
    try:
        a = int(a)  # 입력값을 정수로 변환
        b = int(b)
        logging.info(f"Adding {a} and {b}")  # 로그 출력
        return a + b  # 더한 결과 반환
    except Exception as e:
        # 예외 발생 시 오류 로그 출력 후 다시 예외 발생시킴
        logging.error(f"Invalid input in add: {a}, {b} - {e}")
        raise

# 도구 2: 빼기 함수
@mcp.tool()
def Subtract(a, b) -> int:
    """빼기"""
    try:
        a = int(a)  # 입력값을 정수로 변환
        b = int(b)
        logging.info(f"Subtracting {a} and {b}")  # 로그 출력
        return a - b  # 뺀 결과 반환
    except Exception as e:
        # 예외 발생 시 오류 로그 출력 후 다시 예외 발생시킴
        logging.error(f"Invalid input in subtract: {a}, {b} - {e}")
        raise

# 메인 실행 구문: MCP 서버를 Stdio 방식으로 실행
if __name__ == "__main__":
    mcp.run(transport="stdio")
```

대부분 앞에서 살펴봤던 내용이므로 함수에 대한 코드만 설명하겠습니다. def add는 a와 b라는 두 개의 값을 받아서 더하는 함수입니다. 이때 -> int:는 이 함수가 정수를 반환한다는 힌트를 주는 데 사용됩니다. 또한 a = int(a), b = int(b)은 입력값 a와 b를 정수로 변환해주는데, 사용자가 "5"처럼 문자열로 숫자를 입력해도 정수로 바꿔줍니다. Subtract 함수도 add 함수와 유사하므로 설명은 생략합니다.

3. 탐색 창에서 math_server.py를 선택한 후 **Run Python File**을 클릭합니다. 오류 없이 실행되면 화면에는 아무런 출력도 없기 때문에 정지된 것처럼 보일 수 있습니다. 이때 터미널 창을 클릭하면 커서가 깜빡이는 것을 확인할 수 있으며, 이 상태에서 Ctrl + C를 눌러 실행을 중지합니다.

▼ 그림 8-2 터미널 창에서 명령 종료

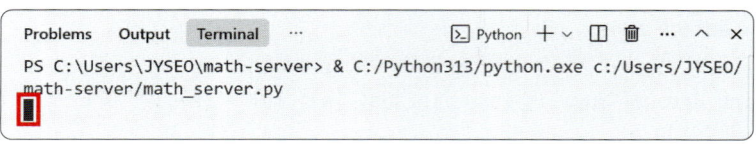

MCP 서버를 생성했으니, 이제 커서와 연결해보겠습니다.

4. 커서의 오른쪽 상단에 있는 **Open Cursor Settings**를 클릭합니다.

▼ 그림 8-3 설정 버튼 클릭

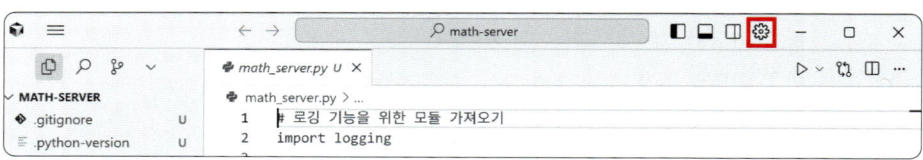

5. Cursor Settings가 열리는데, **Tools & Integrations** > **Add Custom MCP**를 차례로 클릭합니다.

▼ 그림 8-4 'Add Custom MCP' 클릭

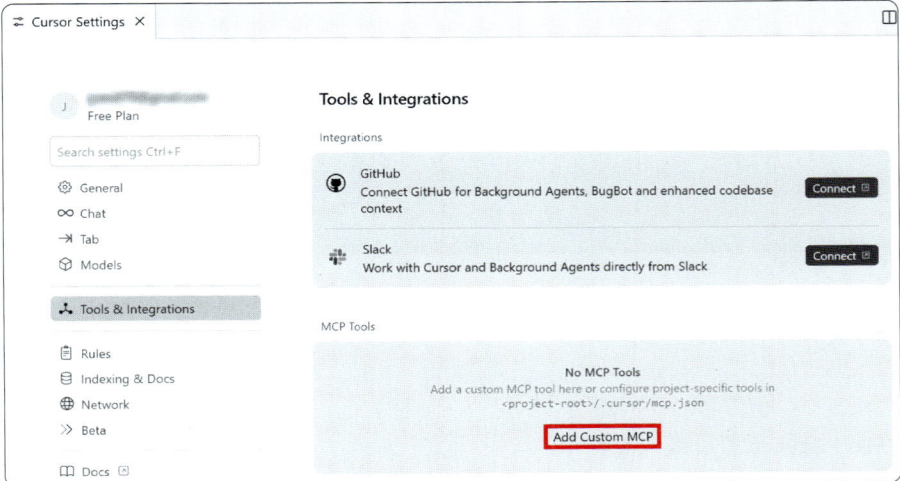

6. 그러면 다음과 같이 mcp.json이 열립니다.

▼ 그림 8-5 mcp.json 화면

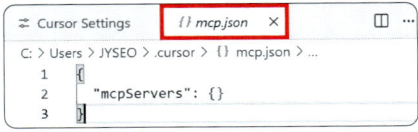

7. mcp.json 내용을 다음으로 변경합니다. 이때 python.exe와 math_server.py의 위치는 사용하고 있는 경로로 바꿔주세요. 이때 python.exe의 경로는 반드시 5.2에서 설치했던 경로를 사용해주세요. 그렇지 않으면 서버 등록 시 실패할 수 있습니다.

▼ 그림 8-6 mcp.json 파일 수정

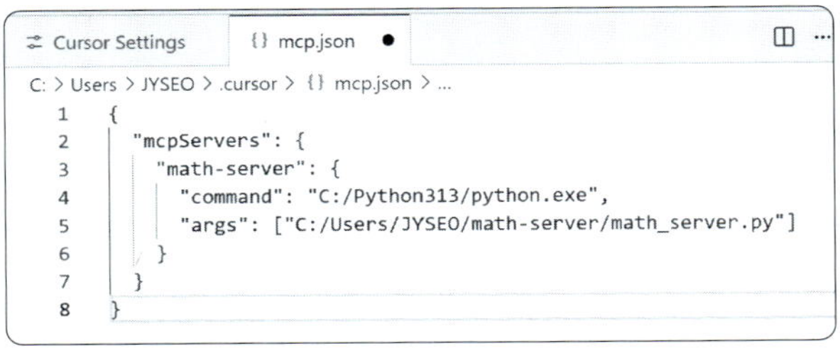

```
{
    "mcpServers": {
        "math-server": {
            "command": "C:/Python313/python.exe",
            "args": ["C:/Users/JYSEO/math-server/math_server.py"]
        }
    }
}
```

> **노트**
>
> **python.exe 위치 확인**
>
> python.exe의 위치를 모르겠다면 다음과 같이 확인합니다. 명령 프롬프트를 실행하여 where python을 실행합니다. 그러면 다음과 같이 python.exe가 위치한 경로들을 보여줍니다. 저는 파이썬을 여러 번 실행했기 때문에 다양한 위치를 보여주지만 책에 나온 대로 진행했다면 앞에서 지정했던 하나의 경로만(예 C:\Python313) 보일 것입니다.
>
> ▼ 그림 8-7 파이썬 경로 확인
>
> ```
> C:\Users\JYSEO\math-server>where python
> C:\Python313\python.exe
> C:\Users\JYSEO\anaconda3\python.exe
> C:\Users\JYSEO\AppData\Local\Microsoft\WindowsApps\python.exe
>
> C:\Users\JYSEO\math-server>
> ```
>
> 설치된 경로 중 C:\Users\JYSEO\AppData\Local\Microsoft\WindowsApps\python.exe 위치의 파이썬을 지정하면 실습에서 오류가 발생합니다. 반드시 5.2에서 진행했던 파이썬 설치 경로를 사용해주세요.

8. **File > Save**를 클릭해 저장합니다.

▼ 그림 8-8 File > Save 클릭

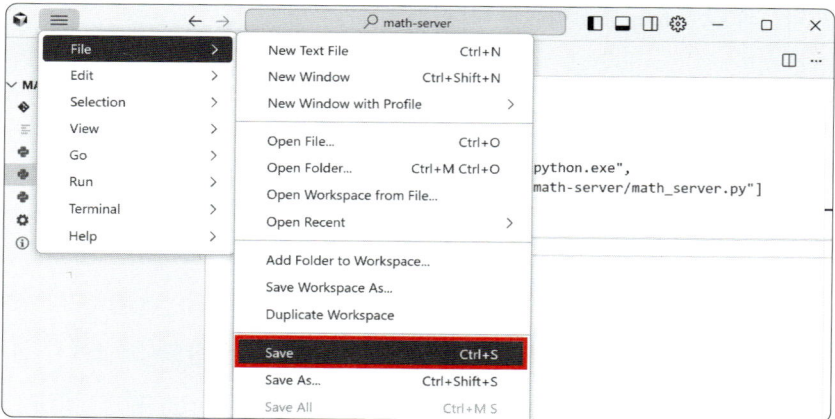

9. 다시 **Open Cursor Settings > Tools & Integrations**로 이동하면 다음과 같이 math-server가 초록색 표시와 함께 등록된 것을 확인할 수 있습니다.

▼ **그림 8-9** mcp 서버 상태 확인

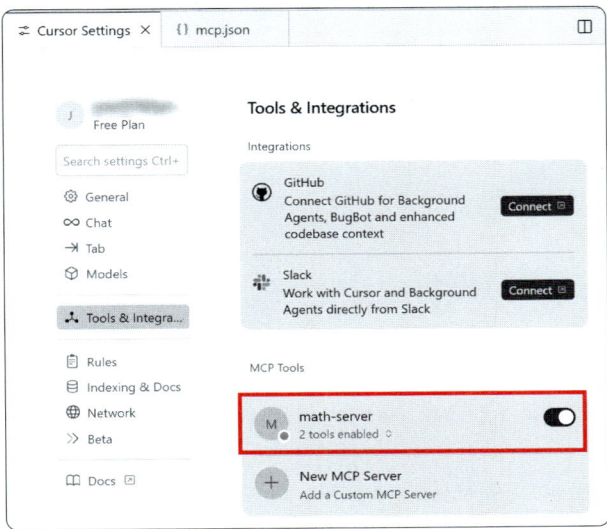

10. 이제 도구를 사용하는지 확인하기 위해 다음과 같이 채팅 창(**Toggle AI Pane**)을 클릭하거나 혹은 Ctrl + Alt + B를 누릅니다.

▼ **그림 8-10** 'Toggle AI Pane' 클릭

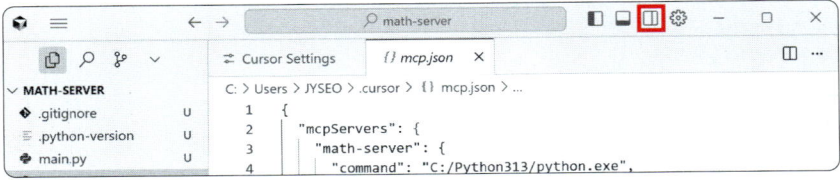

11. 이후 다음과 같이 입력한 후 Enter 키를 누릅니다. 간단한 질문이므로 사용할 도구를 명시적으로 지정해주어야 합니다.

```
add 도구를 사용해서 12와 4를 더해줘
subtract 도구를 사용해서 15에서 5를 빼줘
```

12. 그러면 다음과 같이 **Run tool** 버튼이 활성화되는데, 해당 버튼을 클릭합니다.

▼ 그림 8-11 도구 실행 버튼 활성화

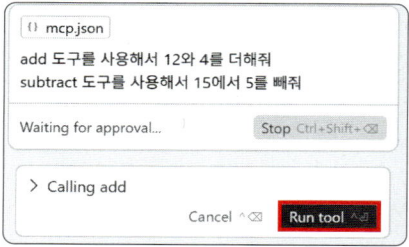

> **노트**
>
> **Free users라는 실패가 발생할 경우**
> 채팅 창에서 질문을 했을 때 다음과 같은 오류가 발생하는 경우가 종종 있습니다.
>
> ```
> Free users can only use GPT 4.1 or Auto as premium models
> ```
>
> 이때에는 다음과 같이 모델을 지정하는 것이 아닌, Auto로 바꿔주면 됩니다. 모델을 클릭하면 드롭다운 박스가 나타나는데, Auto 옆에 있는 토글을 활성화해줍니다. 참고로 기본은 Auto로 설정되어 있습니다.
>
> ▼ 그림 8-12 토글 활성화
>
>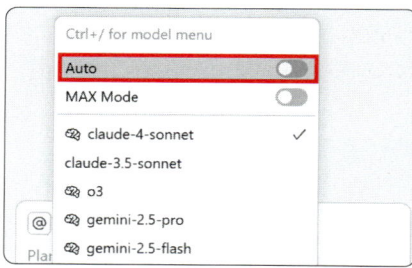
>
> 그러면 다음과 같이 Auto로 바뀐 것을 확인할 수 있습니다. 이 상태에서 **Send** 버튼을 클릭하면 질문에 대해 도구를 사용한 답변을 보여줍니다.
>
> ▼ 그림 8-13 'Send' 버튼 클릭
>
>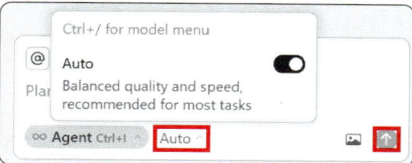

13. 두 개의 질문을 입력했기 때문에 또 한 번 **Run tool** 버튼을 클릭합니다.

▼ 그림 8-14 도구 실행 버튼 활성화

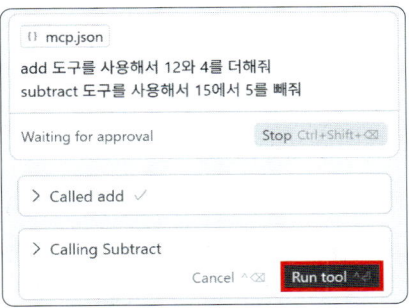

14. 최종적으로 다음과 같이 결과 도출을 위해 도구를 사용했음을 보여주고 있습니다.

▼ 그림 8-15 도구 사용 결과

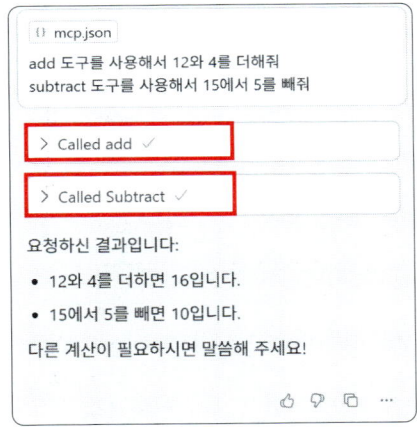

이번에는 간단한 계산기 기능만 제공하는 MCP 서버를 구현했기 때문에, 질문만으로는 도구가 자동으로 사용되지 않을 수 있습니다. 따라서 질문할 때 반드시 사용할 도구의 이름을 명시해주어야 합니다. 도구 이름을 포함하여 다양한 질문을 시도해보세요.

8.1.2 RAG-Server: PDF 생성하기

두 번째 실습에서는 PDF 문서에서 질문에 해당하는 내용을 검색해 답변하는, RAG 기반 MCP 서버를 구현해보겠습니다.

> 사용할 폴더: rag-server
> 사용할 파일: main.py
> 참조 파일: 스마트팜.pdf

1. 바탕화면에서 커서를 실행한 뒤 **Open Folder**를 클릭하고, 내려 받은 rag-server 폴더를 선택해 주세요.

2. 필요한 패키지를 설치하기 위해 상단 메뉴의 **View** > **Terminal**을 클릭해 터미널 창을 연 후 아래 명령어를 실행합니다.

```
PS C:\Users\JYSEO\rag-server> pip install langchain langchain-openai langchain-community openai chromadb pypdf tiktoken python-dotenv
```

3. 그러면 다음과 같은 결과를 보여줍니다.

코드

```
Requirement already satisfied: langchain in c:\python313\lib\site-packages (0.3.25)
Requirement already satisfied: langchain-openai in c:\python313\lib\site-packages (0.3.17)
Collecting langchain-community
  Downloading langchain_community-0.3.24-py3-none-any.whl.metadata (2.5 kB)
Requirement already satisfied: openai in c:\python313\lib\site-packages (1.78.1)
Requirement already satisfied: chromadb in c:\python313\lib\site-packages (1.0.9)
Collecting pypdf
  Using cached pypdf-5.5.0-py3-none-any.whl.metadata (7.2 kB)
Collecting tiktoken
```

```
 Using cached tiktoken-0.9.0-cp313-cp313-win_amd64.whl.metadata (6.8 kB)
Collecting python-dotenv
Using cached python_dotenv-1.1.0-py3-none-any.whl.metadata (24 kB)
--중간 생략--
Requirement already satisfied: mpmath<1.4,>=1.1.0 in c:\users\jyseo\appdata\
roaming\python\python313\site-packages (from sympy->onnxruntime>=1.14.1-
>chromadb) (1.3.0)
Using cached tiktoken-0.9.0-cp313-cp313-win_amd64.whl (894 kB)
Downloading langchain_community-0.3.24-py3-none-any.whl (2.5 MB)
―――――― 2.5/2.5 MB 10.9 MB/s eta 0:00:00
Using cached pypdf-5.5.0-py3-none-any.whl (303 kB)
Using cached python_dotenv-1.1.0-py3-none-any.whl (20 kB)
Installing collected packages: python-dotenv, pypdf, tiktoken, langchain-
community
Successfully installed langchain-community-0.3.24 pypdf-5.5.0 python-
dotenv-1.1.0 tiktoken-0.9.0
```

여기서 사용된 패키지는 다음과 같습니다

- **langchain-community**: 다양한 외부 도구(🔗 API, 검색 엔진, 계산기 등)와 LLM을 연결하기 위한 커넥터 및 유틸리티 모음으로, RAG 시스템이나 에이전트를 구성할 때 필요한 요소들을 제공합니다.

- **chromadb**: RAG 시스템에서 문서 내용을 임베딩(벡터화)해서 저장하고 검색하는 데 사용됩니다.

- **pypdf**: PDF 파일을 읽고, 텍스트를 추출하는 데 사용됩니다.

- **tiktoken**: OpenAI 모델의 토큰 수를 계산하는 데 사용됩니다.

- **python-dotenv**: .env 파일에서 환경 변수(API 키 등)를 자동으로 읽어옵니다.

> **노트**
>
> **설치 과정 중 오류가 발생한다면**
>
> 설치는 정상적으로 되었지만 경고 문구가 나올 수 있습니다. 파이썬 경로가 환경 변수에 등록되지 않았다는 의미인데요. 환경에 따라 오류가 발생하지 않을 수 있으니, 오류가 발생했을 경우에만 진행해주세요.
>
> **코드**
>
> ```
> WARNING: The script chroma.exe is installed in 'C:\Users\JYSEO\
> AppData\Roaming\Python\Python313\Scripts' which is not on PATH.
>   Consider adding this directory to PATH or, if you prefer to suppress
> this warning, use --no-warn-script-location
> ```

이를 해결하기 위해 탐색기의 내 PC에서 마우스 오른쪽 버튼을 클릭한 후 **속성**을 선택합니다.

▼ **그림 8-16** 탐색기의 '속성' 클릭

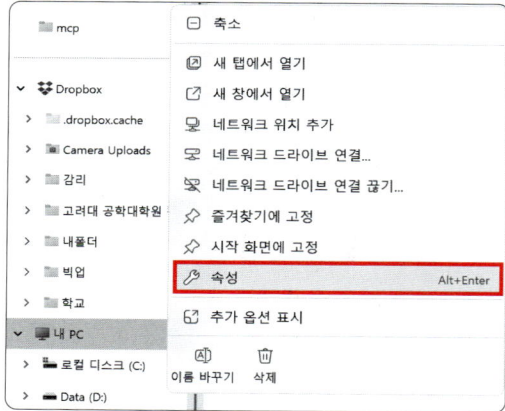

상단에 위치한 **고급 시스템 설정**을 클릭합니다.

▼ **그림 8-17** '고급 시스템 설정' 클릭

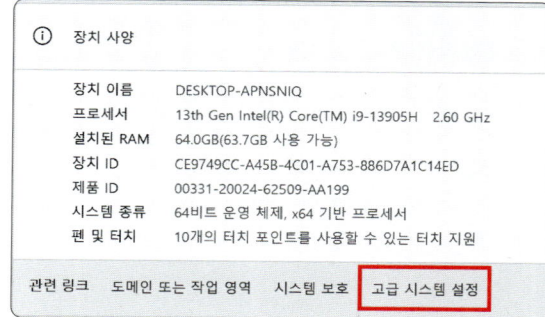

환경 변수를 클릭합니다.

▼ 그림 8-18 '환경 변수' 클릭

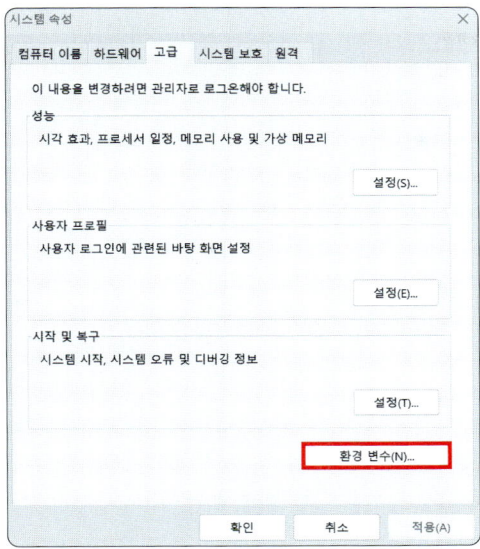

시스템 변수에서 **Path**를 더블 클릭합니다.

▼ 그림 8-19 'Path' 더블 클릭

새로 만들기를 클릭합니다.

▼ 그림 8-20 '새로 만들기' 클릭

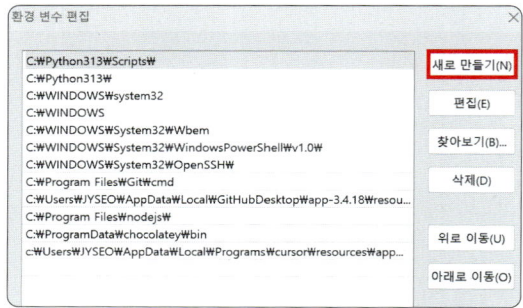

경고 문구에서 경로만 추출합니다.

> 코드

```
WARNING: The script websockets.exe is installed in 'C:\Users\JYSEO\
AppData\Roaming\Python\Python313\Scripts' which is not on PATH.
```

다음과 같이 경로를 입력한 후 **확인** > **확인** > **확인**을 클릭하여 모든 창을 닫습니다.

▼ 그림 8-21 창 닫기

4. 이제 코드에 대해 알아보겠습니다. 코드는 main.py 파일을 참조해주세요. 참고로 다음 코드의 PDF 위치는 본인이 사용 중인 경로로 바꿔주세요.

```
PDF_PATH = "C:/Users/JYSEO/rag-server/스마트팜.pdf"
```

코드

```python
import os  # 파일 경로 구성, 디렉토리 탐색 등 운영체제 관련 기능을 위한 표준 모듈
os.environ["OPENAI_API_KEY"] = "sk…"  # OpenAI GPT API 키를 환경 변수로 설정
import logging  # 프로그램 실행 중의 정보, 경고, 오류 등을 콘솔 또는 로그 파일에 출력하기 위한 모듈
from mcp.server.fastmcp import FastMCP  # MCP 서버를 간편하게 생성하고 도구를 등록할 수 있는 클래스

from langchain_community.vectorstores import Chroma  # 문서 임베딩을 저장하고, 벡터 기반으로 검색할 수 있는 Chroma 벡터 저장소 모듈

from langchain_community.document_loaders import PyPDFLoader  # PDF 파일을 랭체인의 문서 객체로 로딩하는 데 사용하는 도구

from langchain.text_splitter import RecursiveCharacterTextSplitter  # 긴 문서를 일정 길이로 나누는 데 사용하는 텍스트 분할 도구
from langchain.chains import RetrievalQA  # 검색 기반 질문 응답 시스템(RAG)을 구성하기 위한 LangChain 체인 구성 클래스
from langchain_openai import ChatOpenAI, OpenAIEmbeddings  # langchain_openai 모듈에서 OpenAI의 챗 모델과 임베딩 모델 클래스를 불러옴

# 로그 출력 수준 설정 (INFO 이상의 로그만 출력됨)
logging.basicConfig(level=logging.INFO)

# MCP 서버 인스턴스 생성 (이름은 "PDF-RAG"으로 설정되며, 로깅 또는 디버깅에 사용됨)
mcp = FastMCP("PDF-RAG")

# 분석할 PDF 파일의 경로를 지정
PDF_PATH = "C:/Users/JYSEO/rag-server/스마트팜.pdf"  # 이 경로에 있는 PDF 파일을 대상으로 질문 응답이 수행됨, PDF 파일에 대한 위치는 본인의 경로로 수정해주세요
```

```python
loader = PyPDFLoader(PDF_PATH)  # 지정된 경로(PDF_PATH)의 PDF 파일을 로드할 수 있는 loader 객체를 생성
pages = loader.load()  # PDF 파일의 모든 페이지를 불러와 pages 리스트에 저장, 각 페이지는 랭체인에서 사용하는 Document 형태

# 페이지 단위 문서를 500자 단위로 잘라서 RAG에 더 적합하게 구성
splitter = RecursiveCharacterTextSplitter(chunk_size=500, chunk_overlap=50)
# 50자씩 겹치게 분할하여 문맥 보존
docs = splitter.split_documents(pages)  # 분할된 문서 리스트 생성

# OpenAI 임베딩 모델을 초기화 (문서 텍스트를 벡터로 변환하는 데 사용됨)
embeddings = OpenAIEmbeddings()

# OpenAI GPT-4o 언어 모델을 초기화 (최종 응답을 생성하는 데 사용됨)
llm = ChatOpenAI(model="gpt-4o")

# 분할된 문서를 벡터로 임베딩하여 Chroma 벡터 저장소에 저장
vectorstore = Chroma.from_documents(docs, embeddings)

# 검색 기반 질문응답 체인(RAG)을 생성
qa_chain = RetrievalQA.from_chain_type(
    llm=llm,  # GPT-4o 모델을 사용하여 답변 생성
    retriever=vectorstore.as_retriever()  # Chroma 저장소에서 관련 문서를 검색하는 리트리버 사용
)

# ask_pdf 함수를 MCP 도구로 등록하여 외부 클라이언트(예: 커서, 클로드)가 호출 가능하게 만듦
@mcp.tool()
def ask_pdf(query: str) -> str:
    """PDF 내용을 기반으로 질문에 답변합니다."""
    logging.info(f"Received query: {query}")  # 사용자 입력 질문을 로그로 출력
    return qa_chain.run(query)  # RAG 체인을 실행하여 답변을 생성하고 반환
```

```
# mcp 객체를 표준 입출력(Stdio) 방식으로 실행하여 MCP 서버를 시작, 이 방식은 커서나
클로드 데스크톱과 연결할 때 자주 사용됨
if __name__ == "__main__":
    mcp.run(transport="stdio")
```

코드의 주된 내용은 MCP보다 주로 랭체인에 관련된 것입니다. 따라서 여기서는 ask_pdf() 함수에 대해서만 설명합니다. 나머지는 코드의 주석을 참조해주세요.

- **def ask_pdf(query: str) -> str:**: query는 사용자가 입력한 질문이며, -> str:는 문자열 형태로 응답을 하겠다는 의미입니다.
- **logging.info(f"Received query: {query}")**: 사용자가 어떤 질문을 했는지 로그에 기록합니다.
- **return qa_chain.run(query)**: PDF 기반 RAG QA 체인을 실행합니다.

5. **Run Python File**을 클릭해 코드를 실행합니다. 그러면 다음과 같은 결과가 출력됩니다. 마지막에 "HTTP/1.1 200 OK" 메시지가 나타나면 서버가 정상적으로 실행된 것입니다. Ctrl+C를 입력하여 종료합니다.

▼ **그림 8-22** 실행 결과

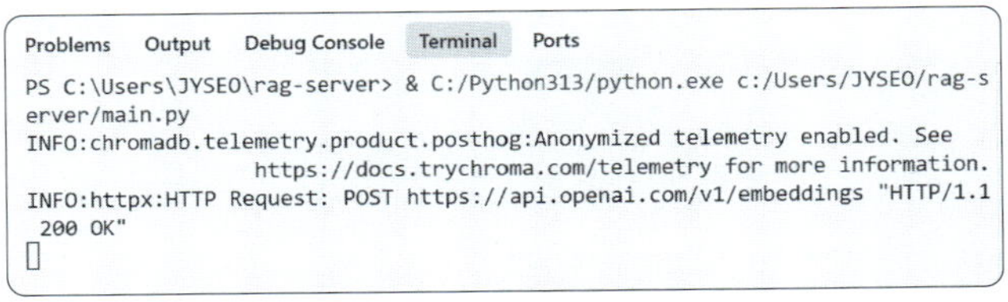

Problems Output Debug Console Terminal Ports
PS C:\Users\JYSEO\rag-server> & C:/Python313/python.exe c:/Users/JYSEO/rag-server/main.py
INFO:chromadb.telemetry.product.posthog:Anonymized telemetry enabled. See
https://docs.trychroma.com/telemetry for more information.
INFO:httpx:HTTP Request: POST https://api.openai.com/v1/embeddings "HTTP/1.1 200 OK"

6. 서버에 오류가 없으니 커서에서 MCP 서버를 연결해봅시다. **Open Cursor Settings > Tools & Integrations > New MCP Server**를 차례로 클릭합니다.

7. 기존의 mcp.json 파일을 아래와 같이 수정한 후, **File** > **Save**를 클릭하여 저장합니다.

▼ 그림 8-23 mcp.json 파일 수정

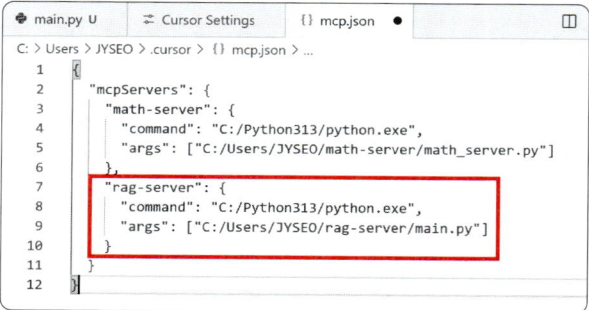

8. 다시 **Open Cursor Settings** > **Tools & Integrations**로 이동하여 다음과 같이 두 개의 MCP 서버가 초록색 상태로 등록된 것을 확인합니다. rag-server의 경우 초록색 상태로 연결될 때까지 1~2분의 시간이 소요될 수 있습니다.

▼ 그림 8-24 MCP 서버 상태 확인

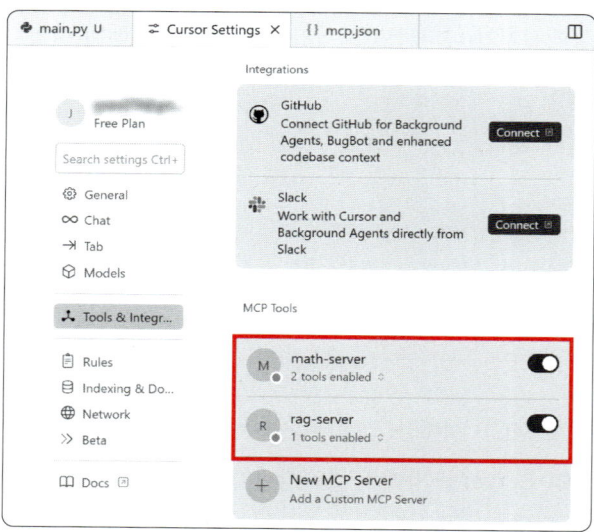

9. 정상적으로 등록이 되었으니, PDF 파일에 대한 검색을 해볼까요? **Toggle AI Pane**을 클릭하거나 Ctrl + Alt + B를 눌러주세요. 이후 창이 나타나면 다음과 같은 내용을 입력한 후 Enter 키를 눌러주세요.

> 1세대, 2세대, 3세대 스마트팜의 차이를 설명해줘.

10. 그러면 다음과 같이 **Run tool**이 활성화되는데, 해당 버튼을 클릭합니다. 참고로 마지막으로 열었던 파일이 mcp.json 파일이었으므로 다음 화면과 같이 채팅 창에 main.py가 아닌 mcp.json이 보일 수 있습니다. 아래와 같이 main.py가 보이도록 하려면 mcp.json 파일을 닫은 후 채팅 창을 사용하면 됩니다.

▼ 그림 8-25 도구 실행 버튼 활성화

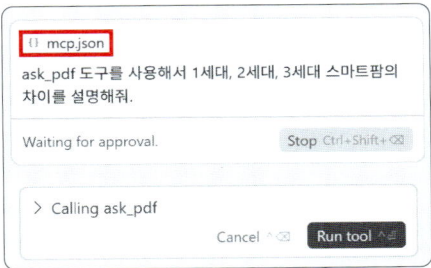

Run tool이 활성화되지 않는다면 질문을 다음과 같이 바꿔서 진행해보세요.

> ask_pdf 도구를 사용해서 1세대, 2세대, 3세대 스마트팜의 차이를 설명해줘.

11. 최종적인 결과는 다음과 같습니다.

▼ 그림 8-26 도구 사용 결과

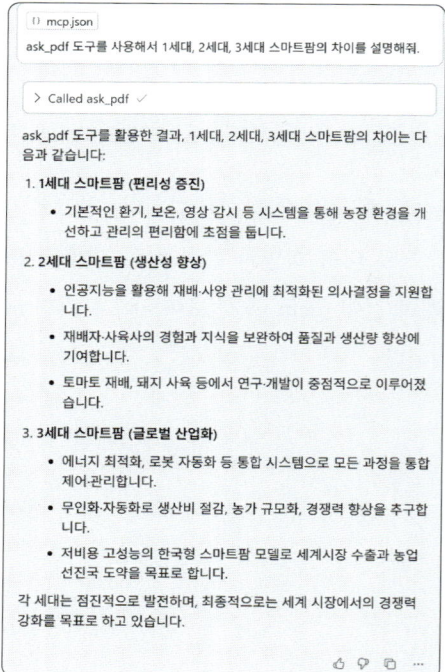

12. 이번에는 또 다른 질문을 해보겠습니다. 아래와 같은 질문을 입력해주세요.

```
ask_pdf 도구를 사용해서 스마트팜에서 사용하는 ICT 기술에는 어떤 것이 있지?
```

13. 역시 **Run tool**을 클릭합니다.

▼ 그림 8-27 도구 실행 버튼 활성화

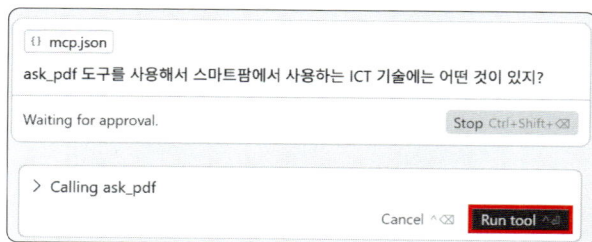

14. 그러면 다음과 같은 결과를 보여줍니다.

▼ 그림 8-28 도구 사용 결과

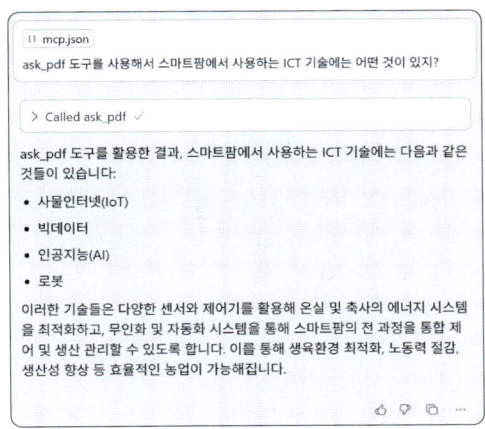

PDF 파일의 내용을 확인한 후 다른 질문들도 해보세요.

8.1.3 RAG-Server: Office 생성하기

세 번째 실습도 RAG와 관련된 내용이지만, PDF가 아닌 Office 문서의 내용을 불러와 답변하는 방식입니다. 따라서 8.1.2에서 사용했던 동일한 프로젝트를 기반으로 진행합니다.

> 사용할 폴더: rag-server
> 사용할 파일: office.py
> 참조 파일: 미세먼지가 치매에 미치는 영향.docx, 자동차_리뷰.xlsx, 책_리뷰.docx, 한옥의 장점과 단점.docx

1. 바탕화면의 커서를 실행한 후 **File** > **Open Folder**를 선택하여 rag-server 폴더를 클릭합니다. 이번에 사용할 코드는 office.py입니다.

2. 필요한 패키지를 설치하기 위해, 상단 메뉴의 **View** > **Terminal**을 클릭해 터미널 창을 연 후 아래 명령어를 실행합니다.

```
PS C:\Users\JYSE0\rag-server> pip install langchain-openai openai chromadb python-docx openpyxl pandas
```

설치한 패키지는 다음과 같습니다.

- **chromadb**: 벡터 데이터베이스로, 임베딩된 문서 데이터를 저장하고 검색(RAG에서 주로 사용)하는 데 사용됩니다.
- **python-docx**: .docx 형식의 MS Word 문서를 읽고 쓰는데 사용됩니다.
- **openpyxl**: .xlsx 형식의 엑셀 파일을 읽고 쓰는 데 사용됩니다.
- **pandas**: 데이터 분석에 널리 사용되는 라이브러리로, 테이블 형태의 데이터를 처리합니다.

3. 실행 결과는 다음과 같습니다.

> **실행결과**
>
> ```
> Requirement already satisfied: langchain-openai in c:\python313\lib\site-packages (0.3.17)
> Requirement already satisfied: openai in c:\python313\lib\site-packages (1.78.1)
> Requirement already satisfied: chromadb in c:\python313\lib\site-packages (1.0.9)
> Collecting python-docx
>   Using cached python_docx-1.1.2-py3-none-any.whl.metadata (2.0 kB)
> Collecting openpyxl
>   Using cached openpyxl-3.1.5-py2.py3-none-any.whl.metadata (2.5 kB)
> Collecting pandas
>   Using cached pandas-2.2.3-cp313-cp313-win_amd64.whl.metadata (19 kB)
> --중간 생략--
> Requirement already satisfied: mpmath<1.4,>=1.1.0 in c:\users\jyseo\appdata\roaming\python\python313\site-packages (from sympy->onnxruntime>=1.14.1->chromadb) (1.3.0)
> Using cached python_docx-1.1.2-py3-none-any.whl (244 kB)
> Using cached openpyxl-3.1.5-py2.py3-none-any.whl (250 kB)
> Using cached pandas-2.2.3-cp313-cp313-win_amd64.whl (11.5 MB)
> Installing collected packages: python-docx, openpyxl, pandas
> Successfully installed openpyxl-3.1.5 pandas-2.2.3 python-docx-1.1.2
> ```

4. 탐색 창에서 office.py를 클릭합니다. 대부분의 코드가 랭체인 관련된 것이라 따로 설명하지 않겠습니다. 코드의 주석을 참고해주세요.

코드

```python
import os
os.environ["OPENAI_API_KEY"] = "sk…"  # OpenAI GPT API 키를 환경 변수로 등록

import logging  # 로그 출력을 위한 표준 파이썬 모듈
from mcp.server.fastmcp import FastMCP  # MCP 서버를 간편하게 생성하는 클래스
(도구 등록 및 실행)

from langchain.text_splitter import RecursiveCharacterTextSplitter  # 문서를
일정 단위로 나누는 도구
from langchain_community.vectorstores import Chroma  # 문서를 벡터로 저장하고
검색 가능한 DB(Chroma)
from langchain.schema import Document  # 랭체인에서 사용하는 문서 객체 타입
from langchain.chains import RetrievalQA  # RAG 체인 생성 도구
from langchain_openai import ChatOpenAI, OpenAIEmbeddings  # langchain_
openai 모듈에서 OpenAI의 챗 모델과 임베딩 모델 클래스를 불러옴

from docx import Document as WordDocument  # Word 문서를 불러오기 위한 클래스
import pandas as pd  # 엑셀 파일을 불러오기 위한 데이터 처리 라이브러리

# 로그 레벨을 INFO 이상으로 설정 (로그를 콘솔에 출력)
logging.basicConfig(level=logging.INFO)

# MCP 서버 인스턴스를 생성 ("Office-RAG"이라는 이름으로 구분)
mcp = FastMCP("Office-RAG")

# 문서들이 저장된 폴더 경로를 지정
OFFICE_DIR = "C:/Users/JYSEO/rag-server"

# 워드(.docx) 및 엑셀(.xlsx) 파일을 읽어 랭체인 문서 리스트로 변환하는 함수
def load_office_documents(folder_path: str) -> list[Document]:
    docs = []  # 최종 결과로 반환할 문서 리스트

    # 지정된 폴더 내 모든 파일에 대해 반복
```

```python
    for filename in os.listdir(folder_path):
        path = os.path.join(folder_path, filename)

        # 워드 문서인 경우
        if filename.endswith(".docx"):
            word = WordDocument(path)  # Word 문서 로드
            # 각 문단의 텍스트를 모아 하나의 문자열로 결합 (빈 줄 제외)
            full_text = "\n".join([p.text for p in word.paragraphs if p.text.strip()])
            # 랭체인 문서 객체로 추가 (source에 파일 이름 저장)
            docs.append(Document(page_content=full_text, metadata={"source": filename}))

        # 엑셀 문서인 경우
        elif filename.endswith(".xlsx"):
            try:
                # 모든 시트 로드 (dict로 반환)
                excel = pd.read_excel(path, sheet_name=None)
                for sheet_name, df in excel.items():
                    # 시트 데이터를 문자열로 변환하여 텍스트화
                    text = df.astype(str).to_string(index=False)
                    # 각 시트를 하나의 문서로 저장 (파일명 + 시트명 기록)
                    docs.append(Document(page_content=text, metadata={"source": f"{filename} - {sheet_name}"}))
            except Exception as e:
                # 엑셀 파일 로딩 중 오류 발생 시 로그에 기록
                logging.error(f"엑셀 파일 처리 오류: {filename} - {e}")

    return docs  # 워드 + 엑셀 문서를 모두 포함한 리스트 반환

# 문서 로딩 및 분할
raw_docs = load_office_documents(OFFICE_DIR)  # 폴더 내 워드/엑셀 문서 불러오기
splitter = RecursiveCharacterTextSplitter(chunk_size=500, chunk_overlap=50)
# 한 문서를 500자 단위로 나누고 50자 중첩
docs = splitter.split_documents(raw_docs)  # 분할된 문서 리스트 생성

# 임베딩 모델 및 LLM(GPT) 모델 초기화
embeddings = OpenAIEmbeddings()  # 텍스트를 벡터로 변환하는 OpenAI 임베딩
```

```python
llm = ChatOpenAI(model="gpt-4o")  # GPT-4o 모델 사용 (대화형 응답 생성)

# 문서를 벡터 DB에 저장
vectorstore = Chroma.from_documents(
    documents=docs,  # 분할된 문서 리스트
    embedding=embeddings  # 텍스트를 벡터로 변환할 임베딩 모델
)

# 검색 기반 질문 응답 체인(RAG) 구성
qa_chain = RetrievalQA.from_chain_type(
    llm=llm,  # 사용할 GPT 모델
    retriever=vectorstore.as_retriever()  # 벡터 DB에서 문서를 검색할 리트리버
)

# MCP 도구로 등록 (LLM이 자동으로 호출할 수 있게 함)
@mcp.tool()
def ask_office(query: str) -> str:
    """폴더 내 Word/Excel 문서를 기반으로 질문에 답변합니다."""
    logging.info(f"Query: {query}")  # 질문 내용 로그 출력
    return qa_chain.run(query)  # RAG 체인을 실행하여 답변 생성

# MCP 서버 실행 (표준 입출력 기반 - 커서, 클로드 데스크톱 등과 연동 가능)
if __name__ == "__main__":
    mcp.run(transport="stdio")
```

5. **Run Python File**을 클릭하여 코드에 오류가 없는지 확인합니다. 터미널 창에서 마지막에 다음과 같이 "HTTP/1.1 200 OK" 메시지가 나타나면 오류가 없는 상태입니다.

▼ **그림 8-29** 실행 결과 확인

```
Problems  Output  Debug Console  Terminal  Ports
PS C:\Users\JYSEO\rag-server> & C:/Python313/python.exe c:/Users/JYSEO/rag-server/office.py
INFO:chromadb.telemetry.product.posthog:Anonymized telemetry enabled. See
    https://docs.trychroma.com/telemetry for more information.
INFO:httpx:HTTP Request: POST https://api.openai.com/v1/embeddings "HTTP/1.1 200 OK"
```

6. 오류가 없음을 확인했다면 터미널 창에서 Ctrl + C 를 클릭하여 종료합니다.

7. 이제 **Open Cursor Settings > Tools & Integrations > New MCP Server**를 차례로 클릭하여 mcp.json 파일에 다음을 입력하고 **File > Save**를 클릭합니다.

▼ 그림 8-30 mcp.json 파일 수정

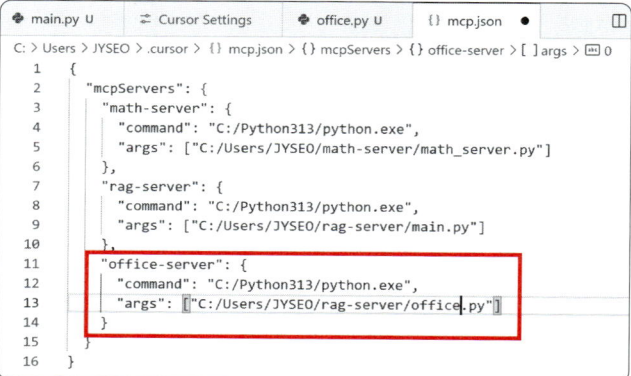

8. **Open Cursor Settings > Tools & Integrations**에서 다음과 같이 세 개의 MCP 서버가 연결된 것을 확인할 수 있습니다. MCP 서버는 아래와 같이 모두 초록색으로 상태가 표시되어 있어야 합니다.

▼ 그림 8-31 MCP 서버 상태 확인

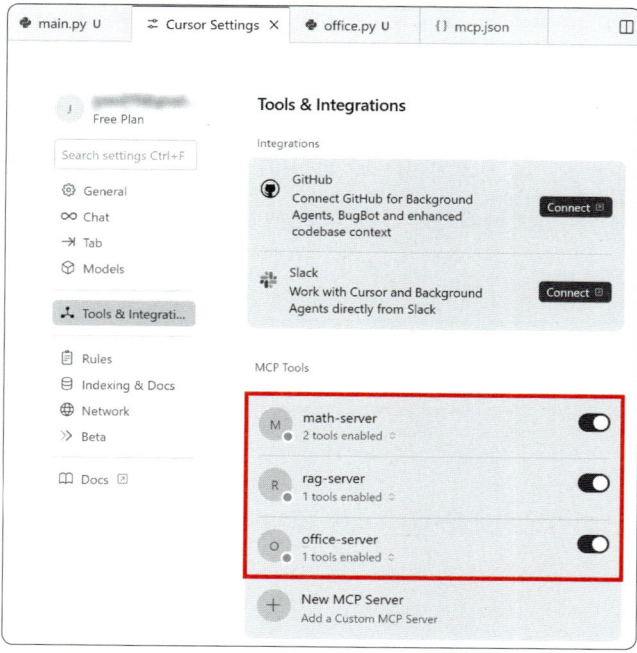

9. 이제 질문을 해봐야겠죠? Ctrl + Alt + B 를 눌러서 **Toggle AI Pane**을 실행한 후 다음과 같이 입력하고 Enter 키를 누릅니다.

> 미세먼지가 치매에 미치는 영향은?

10. 그럼 다음과 같이 도구를 사용하지 않고 일반적인 답변을 줄 수 있습니다.

▼ 그림 8-32 질의 실행 결과

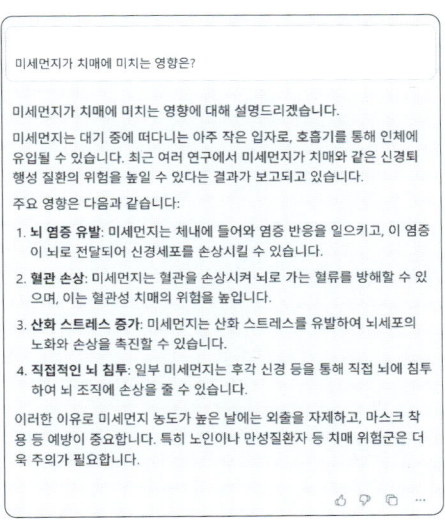

따라서 도구를 사용하고자 할 때에는 다음과 같이 질문해주세요.

> `ask_office` 도구를 사용해서 미세먼지가 치매에 미치는 영향에 대해 알려줘

11. 이제 도구를 호출합니다. **Run tool** 버튼을 클릭합니다.

▼ 그림 8-33 도구 실행 버튼 활성화

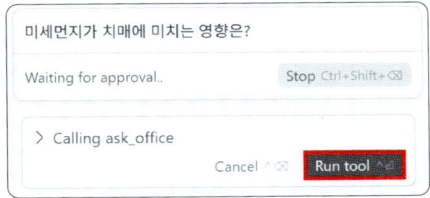

chapter 8 커서에서 MCP 서버 만들고 연결하기 **195**

12. 그러면 다음과 같이 등록해둔 파일을 기반으로 답변을 생성해 줍니다.

▼ **그림 8-34** 도구 사용 결과

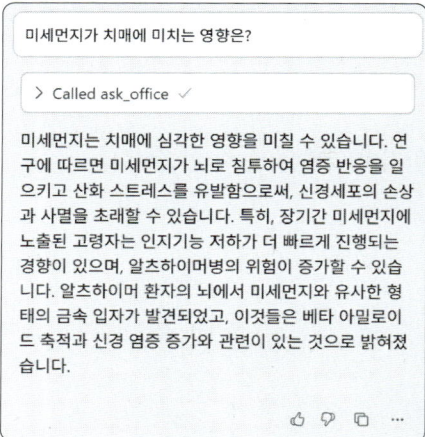

14. 이번에는 엑셀 파일의 내용에 대해 질문해볼까요? 다음과 같이 질문해주세요.

> ask_office 도구를 사용해서 자동차 모델이 Audi Q5인 리뷰에 대해 알려줘

15. 역시 **Run tool**을 클릭합니다.

▼ **그림 8-35** 도구 실행 버튼 활성화

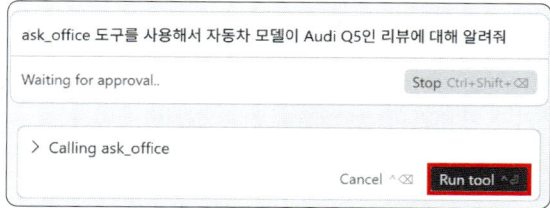

16. 다음과 같이 디자인과 기술력이 우수하다는 평가를 주고 있습니다. 엑셀 파일에도 동일한 내용이 기입되어 있습니다.

▼ **그림 8-36** 도구 사용 결과

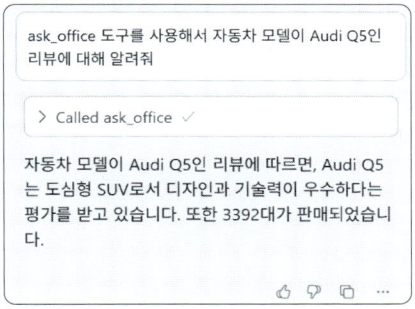

워드와 엑셀 파일의 내용을 확인한 후 추가 질문을 해보세요.

8.1.4 explorer-server(윈도우 탐색기) 생성하기

이번에는 윈도우 탐색기에서 파일을 검색하는 실습을 진행해보겠습니다.

> 사용할 폴더: explorer-server
> 사용할 파일: main.py

1. 바탕화면에서 커서를 실행한 후 **File > Open Folder**를 클릭하여 explorer-server 폴더를 선택합니다.

2. 탐색 창에서 main.py 파일을 클릭하면 다음과 같이 실습을 위한 코드를 확인할 수 있습니다.

코드
```
import os   # 파일 경로 생성, 디렉터리 순회, 파일 정보 조회 등 운영체제 관련 작업
import logging   # 코드 실행 도중 정보, 경고, 오류 등을 로그로 기록하는 모듈
from datetime import datetime   # 유닉스 타임스탬프를 사람이 읽을 수 있는 날짜/시간 형식으로 변환하는 데 사용하는 모듈
```

```python
from mcp.server.fastmcp import FastMCP  # 랭체인 기반 MCP 서버 생성을 위한 클래스

# 로그 출력 형식 설정: 로그 수준이 INFO 이상인 로그를 출력하도록 설정
# 로그는 검색 시작, 오류 발생 등 주요 이벤트를 기록하는 데 사용됨
logging.basicConfig(level=logging.INFO)

# MCP 서버 인스턴스 생성 (이름은 "File-Search"로 설정됨, 클라이언트에서 이 이름으로 도구를 식별 가능)
mcp = FastMCP("File-Search")

# 검색 기준이 될 최상위 디렉터리 설정 (Windows의 D 드라이브 전체를 대상으로 검색)
ROOT_DIR = "D:/"

# 파일 검색 함수 정의
# 입력한 키워드가 포함된 파일명을 ROOT_DIR 아래에서 찾아 목록을 반환함
# 결과는 최대 max_results 개수까지만 수집함
def search_files(keyword: str, base_path: str = ROOT_DIR, max_results: int = 20) -> list[dict]:
    results = []  # 검색 결과(딕셔너리 형태)를 저장할 리스트 초기화

    # os.walk()를 통해 base_path 하위의 모든 폴더 및 파일들을 순회
    for dirpath, _, filenames in os.walk(base_path):
        # 현재 폴더에 있는 모든 파일 이름을 확인
        for fname in filenames:
            # 파일 이름에 키워드가 포함되어 있는지 확인 (대소문자 구분 없이 검색)
            if keyword.lower() in fname.lower():
                # 전체 파일 경로 생성
                fpath = os.path.join(dirpath, fname)
                try:
                    # 파일의 크기, 생성일 등 메타데이터 가져오기
                    stat = os.stat(fpath)
                    # 결과 리스트에 정보 추가
                    results.append({
                        "파일명": fname,  # 파일 이름
                        "경로": fpath,  # 전체 파일 경로
                        "크기(Bytes)": stat.st_size,  # 파일 크기 (바이트 단위)
                        "생성일": datetime.fromtimestamp(stat.st_ctime).
```

```python
                             strftime("%Y-%m-%d %H:%M"),  # 생성일(사람이 읽을 수 있는 형식)
                         })
                         # 결과가 최대 개수에 도달했으면 즉시 반환
                         if len(results) >= max_results:
                             return results
                 except Exception as e:
                     # 파일 접근 중 오류가 발생하면 경고 로그에 기록하고 무시함
                     logging.warning(f"파일 접근 오류: {fpath} - {e}")
     # 모든 파일 탐색을 마친 후 결과 리스트를 반환
     return results

# 위에서 정의한 search_files 함수를 MCP 도구로 등록
# 클라이언트(GPT 또는 외부 MCP 클라이언트)에서 이 함수를 호출할 수 있게 됨
@mcp.tool()
def find_file(keyword: str) -> str:
    """D 드라이브에서 파일명을 기준으로 키워드에 해당하는 파일을 검색합니다."""
    # 검색 시작 로그 출력
    logging.info(f"'{keyword}' 키워드로 파일 검색 시작")

    # 검색 함수 호출
    found = search_files(keyword)

    # 검색 결과가 없을 경우 사용자에게 안내 메시지 반환
    if not found:
        return f"'{keyword}'에 해당하는 파일을 찾을 수 없습니다."

    # 검색된 파일 리스트를 보기 좋은 문자열 형태로 변환하여 반환
    # 각 파일에 대해: 파일명, 크기, 경로를 포함한 줄을 생성
    return "\n".join([f"{f['파일명']} ({f['크기(Bytes)']} Bytes) - {f['경로']}" for f in found])

# 메인 프로그램 블록
# 이 파일이 직접 실행되는 경우 MCP 서버를 Stdio 기반으로 실행함
# 커서, 클로드 데스크톱, 스미더리 등에서 연결 가능
if __name__ == "__main__":
    mcp.run(transport="stdio")
```

다음 코드에서 ROOT_DIR을 D:/로 지정했기 때문에 D 드라이브 전체에서 키워드가 포함된 파일들을 검색합니다. 나머지 코드에 대한 설명은 주석을 참조해주세요.

코드

```
def search_files(keyword: str, base_path: str = ROOT_DIR, max_results: int = 20) -> list[dict]:
```

3. 코드에 오류가 있는지 확인하기 위해 **Run Python File**을 클릭합니다. 터미널 창에 아무것도 출력이 되지 않고 멈춘 상태라면, 오류 없이 정상적으로 실행된 것입니다. 터미널 창에서 Ctrl+C를 눌러 실행을 종료해주세요.

▼ 그림 8-37 실행 버튼 클릭 및 결과 확인

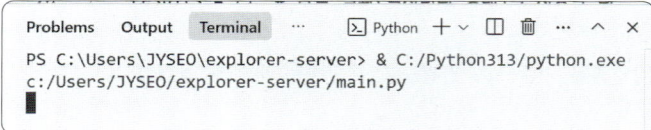

4. **Open Cursor Settings** > **Tools & Integrations** > **New MCP Server**를 차례대로 클릭한 후 mcp.json 파일에 다음을 입력하고 **File** > **Save**를 클릭합니다.

▼ 그림 8-38 mcp.json 파일 수정

```
{
  "mcpServers": {
    "math-server": {
      "command": "C:/Python313/python.exe",
      "args": ["C:/Users/JYSEO/math-server/math_server.py"]
    },
    "rag-server": {
      "command": "C:/Python313/python.exe",
      "args": ["C:/Users/JYSEO/rag-server/main.py"]
    },
    "office-server": {
      "command": "C:/Python313/python.exe",
      "args": ["C:/Users/JYSEO/rag-server/office.py"]
    },
    "file-search": {
      "command": "C:/Python313/python.exe",
      "args": ["C:/Users/JYSEO/explorer-server/main.py"]
    }
  }
}
```

5. **Open Cursor Settings** > **Tools & Integrations**로 이동합니다. 아래와 같이 등록된 MCP 서버 상태 표시가 초록색으로 나타난다면 정상적으로 연결된 것입니다.

▼ 그림 8-39 MCP 서버 상태 확인

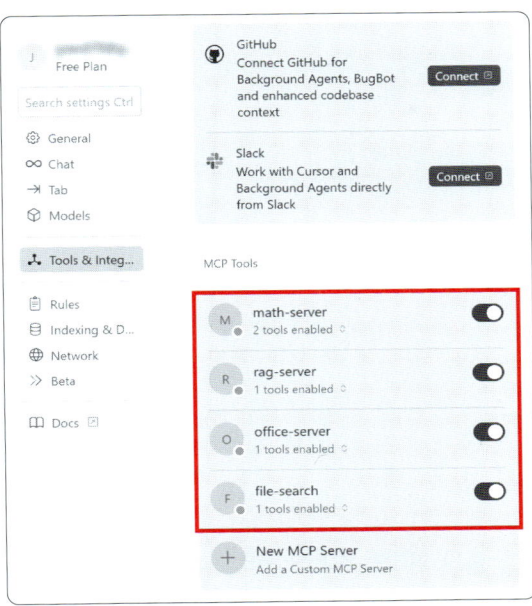

6. 이제 질문을 해보겠습니다. Ctrl + Alt + B 를 클릭하여 **Toggle AI Pane**을 띄웁니다. 여기에 다음과 같이 파일과 관련된 검색을 질의합니다. 이때 질문은 반드시 본인이 가지고 있는 파일의 내용과 관련된 것이어야 합니다.

> D 드라이브에서 '인공지능'이라는 단어가 포함된 파일이 있는지 확인해줘.

7. `find_file`이라는 도구를 정확하게 사용하네요. **Run tool**을 클릭합니다.

▼ 그림 8-40 도구 실행 버튼 활성화

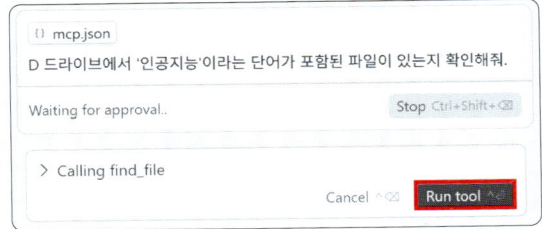

8. 그러면 아래와 같은 결과가 표시됩니다. 질문에 대해 정확한 답변을 잘 반환했습니다.

▼ 그림 8-41 도구 사용 결과

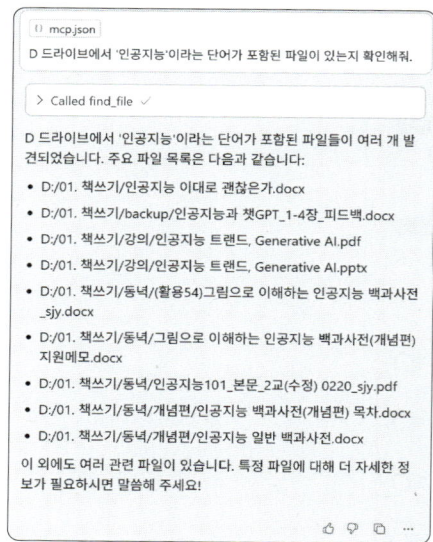

어떤가요? 아나콘다에서 개발할 때보다 훨씬 편리하죠? 이처럼 커서는 디버깅 기능까지 지원되고, 특히 채팅 기반으로 코드를 생성하고 오류를 바로 해결할 수 있어 더욱 효율적인 개발 도구로 자리 잡고 있습니다.

8.1.5 web-search-server 생성하기

이번에는 웹 검색 및 요약을 위한 MCP 서버를 생성해보겠습니다. 웹 검색은 Tavily를 사용하고, 요약은 OpenAI 모델을 이용합니다.

> 사용할 폴더: web-search-server
> 사용할 파일: main.py

1. 바탕화면의 커서를 실행한 후 **File > Open Folder**를 클릭하여 web-search-server 폴더를 선택합니다.

2. 실습을 진행하기 전에 필요한 패키지를 설치합니다. 상단 메뉴의 **View > Terminal**을 클릭해 터미널 창을 연 후 아래 명령어를 실행합니다.

```
PS C:\Users\JYSEO\web-search-server> pip install requests langchain-openai python-dotenv
```

여기서 사용된 패키지는 다음과 같습니다.

- **requests**: 파이썬의 HTTP 통신 라이브러리로 API 호출, 웹 페이지 요청, 외부 서버와의 데이터 송수신에 사용됩니다.
- **python-dotenv**: .env 파일에 저장된 환경 변수들을 파이썬 코드 내에서 사용할 수 있게 해주는 라이브러리입니다.

3. 설치 결과는 다음과 같습니다.

> **실행결과**
>
> ```
> Using cached requests-2.32.3-py3-none-any.whl.metadata (4.6 kB)
> Requirement already satisfied: langchain-openai in c:\python313\lib\site-packages (0.3.17)
> Requirement already satisfied: python-dotenv in c:\python313\lib\site-packages (1.1.0)
> Requirement already satisfied: charset-normalizer<4,>=2 in c:\users\jyseo\appdata\roaming\python\python313\site-packages (from requests) (3.4.1)
> Requirement already satisfied: idna<4,>=2.5 in c:\users\jyseo\appdata\roaming\python\python313\site-packages (from requests) (3.10)
> --중간 생략--.
> Requirement already satisfied: regex>=2022.1.18 in c:\users\jyseo\appdata\roaming\python\python313\site-packages (from tiktoken<1,>=0.7->langchain-openai) (2024.11.6)
> Requirement already satisfied: colorama in c:\users\jyseo\appdata\roaming\python\python313\site-packages (from tqdm>4->openai<2.0.0,>=1.68.2->langchain-openai) (0.4.6)
> Using cached requests-2.32.3-py3-none-any.whl (64 kB)
> Installing collected packages: requests
> Successfully installed requests-2.32.3
> ```

4. 탐색 창에서 main.py 파일을 클릭한 후 **Run Python File**을 클릭합니다. 코드에 대한 설명은 주석을 참조해주세요.

> 코드

```python
import logging   # 프로그램 실행 중 정보, 경고, 오류 메시지를 기록하는 모듈
# .env 파일에 저장된 환경 변수들을 파이썬 환경으로 불러오는 데 사용
from dotenv import load_dotenv
# 외부 HTTP API에 요청을 보내고 응답을 처리하는 HTTP 클라이언트 라이브러리
import requests
# 랭체인 기반 MCP 서버를 쉽게 구성할 수 있게 해주는 클래스
from mcp.server.fastmcp import FastMCP
# OpenAI GPT 모델을 랭체인 인터페이스로 사용하는 클래스
from langchain_openai import ChatOpenAI

# Tavily 웹 검색 API 키 설정 (실제로는 안전하게 환경 변수로 관리하기를 권장)
TAVILY_API_KEY = "tvly…"   # tvly로 시작하는 키 입력
OPENAI_API_KEY = "sk…"   # sk로 시작하는 OpenAI API 키 입력

# OpenAI GPT 모델 인스턴스 초기화
# model="gpt-4"은 GPT-4 모델을 사용하겠다는 의미이고, api_key를 명시적으로 전달
llm = ChatOpenAI(model="gpt-4", api_key=OPENAI_API_KEY)

# MCP 서버 생성 - 서버 이름은 "WebSearch"
# 이 이름은 도구 목록 조회 시 식별자 역할을 하며, 여러 MCP 서버를 구분하는 데 사용됨
mcp = FastMCP("WebSearch")

# Tavily 웹 검색 API를 호출하는 함수 정의
# 사용자가 입력한 query(검색어)를 Tavily API에 전달하고, 그 결과를 정리해서 반환
def search_web_tavily(query: str) -> str:
    url = "https://api.tavily.com/search"   # Tavily API의 엔드포인트
    # 요청 헤더로 JSON 형식의 데이터를 전송한다는 의미
    headers = {"Content-Type": "application/json"}
    payload = {
        "api_key": TAVILY_API_KEY,   # 사용자 인증을 위한 키
        "query": query,   # 사용자가 검색하고자 하는 키워드 또는 문장
        # 검색의 깊이 설정 (basic은 빠른 검색, deep은 더 정교한 검색)
        "search_depth": "basic",
```

```python
        "include_answer": True,  # Tavily가 제공하는 요약 또는 해석 포함 여부
        "max_results": 5  # 검색 결과에서 최대 몇 개를 가져올지 지정
    }

    try:
        # POST 방식으로 Tavily API 호출
        response = requests.post(url, json=payload, headers=headers)
        response.raise_for_status()  # HTTP 오류가 발생했을 경우 예외를 발생시킴

        # 응답 본문을 JSON으로 변환 후 리스트 형태로 "results" 항목 추출
        results = response.json().get("results", [])

        # 결과가 없을 경우 사용자에게 안내
        if not results:
            return "검색 결과가 없습니다."

        # 각 결과 항목의 제목과 내용을 합쳐 하나의 문자열로 구성 (결과 여러 개를 줄 구분으로 연결)
        contents = "\n\n".join([f"{r['title']}\n{r['content']}" for r in results])
        return contents  # 완성된 검색 결과 문자열 반환

    except Exception as e:
        # 오류가 발생한 경우 로그에 오류 메시지 출력
        logging.error(f"Tavily 검색 오류: {e}")
        # 사용자에게는 일반적인 오류 메시지를 반환
        return "검색 중 오류가 발생했습니다."

# MCP 도구로 등록 - GPT가 직접 호출할 수 있는 도구로 사용됨
# 외부 클라이언트(커서, 클로드 데스크톱 등)에서 'web_search'라는 이름으로 호출 가능
@mcp.tool()
async def web_search(query: str) -> str:
    # 랭체인 또는 클라이언트가 이 도구의 역할을 설명할 때 사용됨
    """웹에서 검색한 결과를 요약해 제공합니다."""

    # 검색 요청이 들어왔음을 로그에 기록
```

```
        logging.info(f"검색 요청: {query}")

        # Tavily API를 통해 검색 실행
        content = search_web_tavily(query)

        # 검색 결과 내용을 기반으로 GPT-4가 요약문을 생성
        # ainvoke()는 비동기 GPT 호출 (랭체인에서 await를 지원)
        summary = await llm.ainvoke(f"다음 검색 결과를 한 문단으로 요약해줘:\n\n{content}")

        return summary  # 요약된 결과를 클라이언트에게 반환

# MCP 서버 실행 블록
# 이 파일이 단독 실행될 경우 MCP 서버를 Stdio 방식으로 실행함
if __name__ == "__main__":
    mcp.run(transport="stdio")
```

5. 실행 후 아무런 출력 없이 멈춰 있는 상태라면, 이는 오류 없이 정상적으로 작동하고 있다는 의미입니다. 터미널 창에서 Ctrl + C 를 눌러 실행을 종료합니다.

▼ **그림 8-42** 실행 버튼 클릭 및 결과 확인

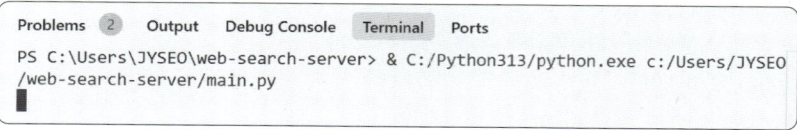

6. 이제 MCP 서버에 연결하기 위해 **Open Cursor Settings** > **Tools & Integrations** > **New MCP Server**를 차례대로 클릭합니다.

7. 기존의 mcp.json 파일의 내용을 다음으로 교체한 후 **File > Save**를 클릭합니다. 커서 창을 닫습니다. 이때 web-search-server/main.py 파일의 위치는 자신이 사용하고 있는 경로로 수정해야 합니다.

▼ 그림 8-43 mcp.json 파일 수정

```
main.py 2, U    Cursor Settings    {} mcp.json  ×
C: > Users > JYSEO > .cursor > {} mcp.json > ...
{
  "mcpServers": {
    "math-server": {
      "command": "C:/Python313/python.exe",
      "args": ["C:/Users/JYSEO/math-server/math_server.py"]
    },
    "rag-server": {
      "command": "C:/Python313/python.exe",
      "args": ["C:/Users/JYSEO/rag-server/main.py"]
    },
    "office-server": {
      "command": "C:/Python313/python.exe",
      "args": ["C:/Users/JYSEO/rag-server/office.py"]
    },
    "file-search": {
      "command": "C:/Python313/python.exe",
      "args": ["C:/Users/JYSEO/explorer-server/main.py"]
    },
    "web-search": {
      "command": "C:/Python313/python.exe",
      "args": ["C:/Users/JYSEO/web-search-server/main.py"]
    }
  }
}
```

8. 다시 **Open Cursor Settings > Tools & Integrations**로 이동하여 다음과 같이 MCP 서버 web-search의 상태가 초록색으로 나타나는지 확인합니다.

▼ 그림 8-44 MCP 서버 상태 확인

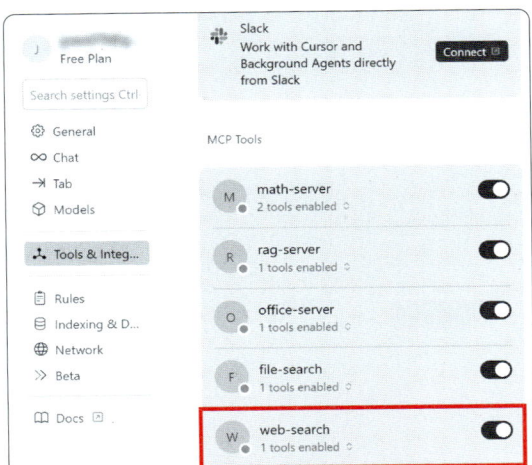

9. MCP 서버와 정상적으로 연결되었으니, 이제 검색 및 요약 기능을 테스트해보겠습니다. 이를 위해 Ctrl + Alt + B를 눌러 **Toggle AI Pane**을 열고, 아래와 같은 질문을 입력합니다.

```
gpt-4.1의 최근 업데이트를 알려줘
```

10. 다음과 같이 auto-search를 사용한다면, 생성해둔 도구를 이용하지 않는 것이니 **Cancel**을 클릭합니다.

▼ **그림 8-45** 'Cancel' 클릭

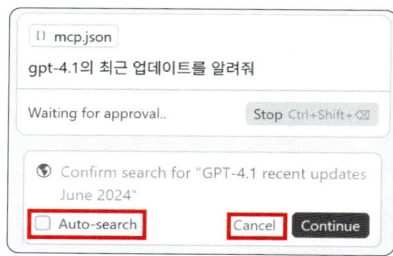

11. 이때에는 도구 이름을 직접 지정하여 다음과 같이 입력합니다.

```
web_search 도구를 이용해서 gpt-4.1의 최신 업데이트를 알려줘
```

12. 도구를 지정하니 web_search를 사용하네요. **Run tool**을 클릭합니다.

▼ **그림 8-46** 도구 실행 버튼 활성화

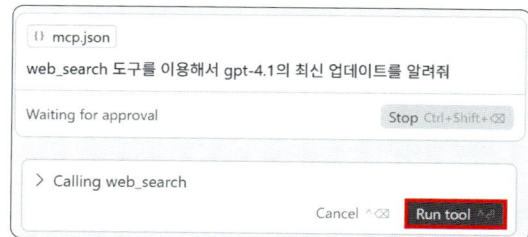

13. 결과는 다음과 같습니다.

▼ 그림 8-47 실행 결과

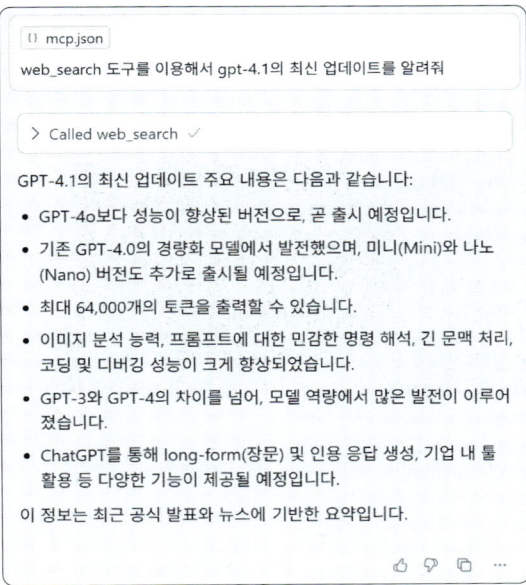

14. 여전히 auto-search를 사용한다면 커서에서 web_search보다 Internet search가 더 낫겠다고 판단했기 때문입니다. 따라서 질문을 다음과 같이 바꿔서 진행해봅니다. 역시 동일하게 auto-search를 사용한다면 web_search라는 도구를 질문에 포함해주세요.

> web_search 도구를 사용해서 우크라이나 전쟁의 최근 상황을 요약해줘

15. 이제 web_search를 사용합니다. **Run tool**을 클릭합니다.

▼ 그림 8-48 도구 실행 버튼 활성화

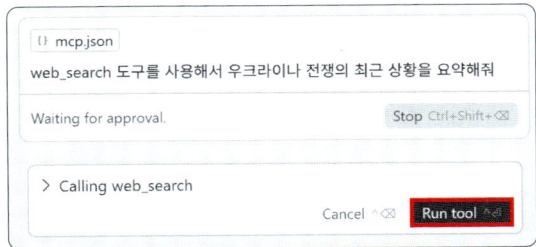

16. 그러면 다음과 같은 결과를 보여줍니다.

▼ **그림 8-49** 도구 사용 결과

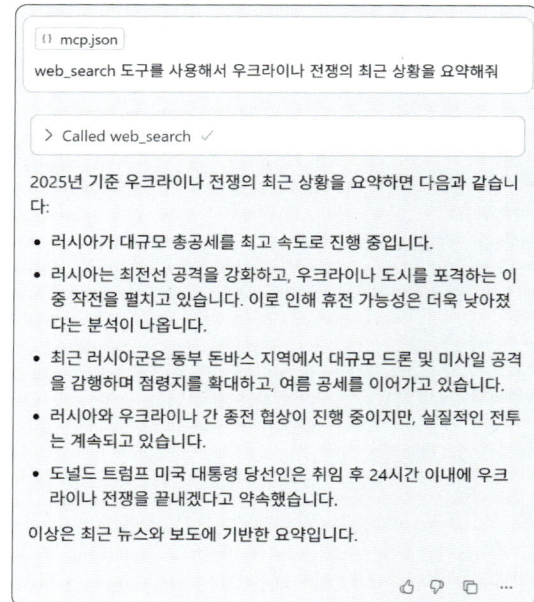

17. 또 다른 질문을 해볼까요? 다음과 같이 입력한 후 **Run tool**을 클릭합니다.

▼ **그림 8-50** 도구 실행 버튼 활성화

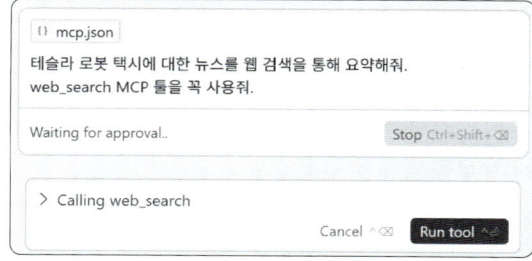

18. 검색 및 요약 결과는 다음과 같습니다.

▼ 그림 8-51 도구 사용 결과

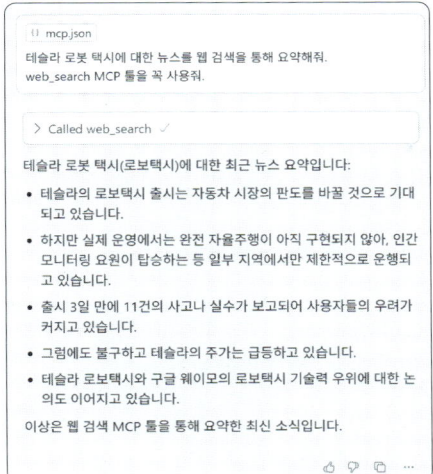

> **노트**
>
> 커서는 무료가 아닙니다. 따라서 다음과 같이 할당량을 소진했다거나 서버 사용량이 높다는 메시지가 나타날 수 있습니다.
>
> ▼ 그림 8-52 커서 메시지
>
>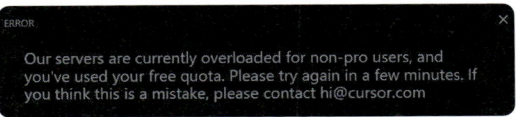
>
> 할당량 소진 문제인지, 서버 사용량 문제인지 확인하려면 아래 URL에 접속합니다.
>
> - https://www.cursor.com/settings
>
> Usage에서 상태를 확인합니다. 아래와 같이 할당량을 모두 사용했다면 Pro로 업그레이드해야 합니다.
>
> ▼ 그림 8-53 Usage에서 상태 확인
>
>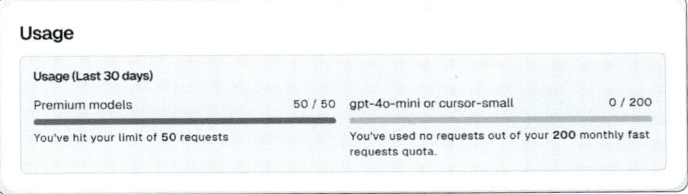

Account에 있는 **Upgrade to Pro**를 클릭하면 카드 결제 화면이 나타납니다. 결제를 완료하면 Pro 요금제로 업그레이드됩니다. 참고로 비용은 월 $20입니다.

▼ 그림 8-54 Account > Upgrade to Pro 클릭

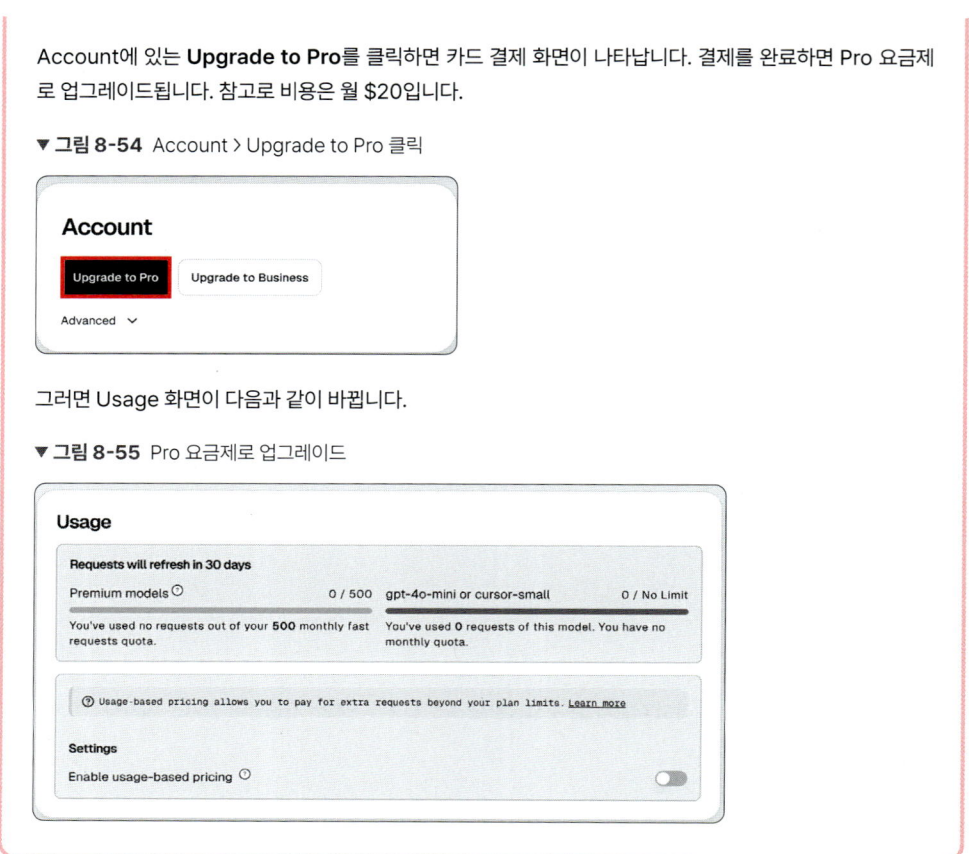

그러면 Usage 화면이 다음과 같이 바뀝니다.

▼ 그림 8-55 Pro 요금제로 업그레이드

지금까지 나만의 MCP 서버를 만들고, 이를 커서에 연결하여 사용하는 방법을 알아보았습니다. 생각보다 어렵지 않았죠?

그런데 앞서 살펴본 웹 검색이나 윈도우 탐색기 기능은 이미 만들어진 MCP 서버를 활용하면 훨씬 간편하게 구현할 수 있습니다. 다음 절에서는 직접 개발하지 않고, 기존에 제공되는 MCP 서버를 활용하는 방법에 대해 알아보겠습니다.

8.2 공개 MCP 서버 연결하기

공개 MCP 서버는 누군가가 이미 만들어둔 MCP 서버를 말합니다. 앞에서 소개한 스미더리를 통해 그 종류를 확인할 수 있습니다. 다양한 유형의 MCP 서버가 있으니 원하는 것을 선택하여 아래 소개하는 방법으로 연결하면 됩니다.

1. 스미더리 웹사이트에 접속하여 로그인합니다. 오른쪽 상단의 **Login**을 클릭하면 깃허브 계정을 물어봅니다. 따라서 깃허브에 대한 계정부터 먼저 생성해야 합니다. 만약 깃허브 계정이 있다면 바로 8.2.1로 넘어가주세요.

   https://smithery.ai/

   ▼ **그림 8-56** 'Login' 클릭

2. 여기서는 깃허브 계정부터 생성합니다. 다음 깃허브 URL에 접속한 후 **Sign up for GitHub**를 클릭합니다.

   https://github.com/

   ▼ **그림 8-57** 깃허브 연결 화면

3. 다음과 같이 내용을 입력한 후 **Continue**를 클릭합니다.

   ▼ 그림 8-58 'Continue' 클릭

   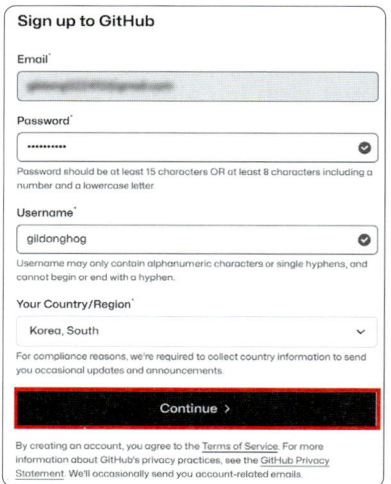

4. **시각 퍼즐**을 클릭합니다.

   ▼ 그림 8-59 '시작 퍼즐' 클릭

   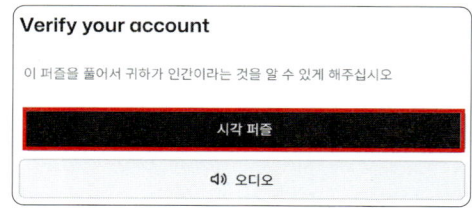

5. 손가락 모양에 따라 오른쪽 집의 위치를 변경한 후 **제출하십시오**를 클릭합니다. 참고로 퍼즐 이미지는 매번 다를 수 있습니다.

   ▼ 그림 8-60 '제출하십시오' 클릭

6. 앞에서 등록했던 이메일로 이동해 깃허브로부터 받은 메일을 열고, 인증 코드를 확인한 후 해당 코드를 입력합니다.

▼ 그림 8-61 메일에서 코드 확인 후 입력

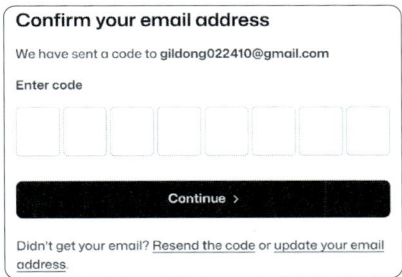

7. 앞에서 사용했던 이메일 주소와 패스워드를 입력한 후 **Sing in**을 클릭합니다.

▼ 그림 8-62 'Sign in' 클릭

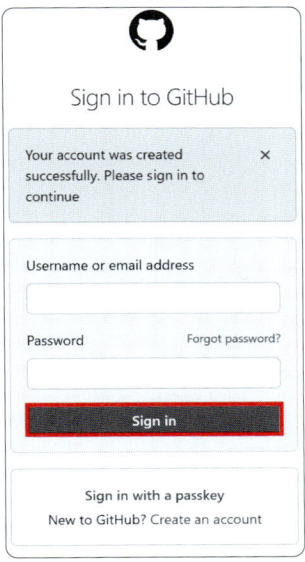

8. 다음과 같은 화면이 보인다면 로그인에 성공한 것입니다.

   ▼ **그림 8-63** 로그인된 화면

   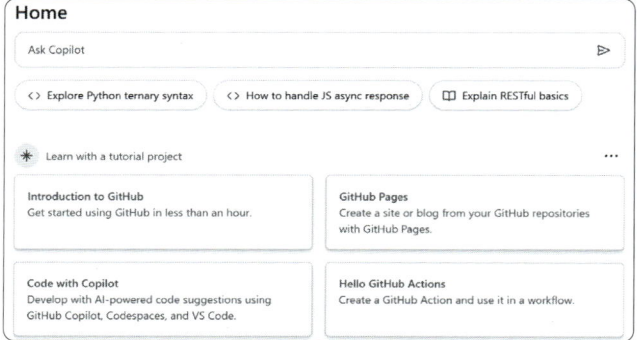

9. 다시 https://smithery.ai에 접속하여 **Login**을 클릭한 후 **Connect with GitHub**를 클릭합니다.

   ▼ **그림 8-64** 'Connect with GitHub' 클릭

   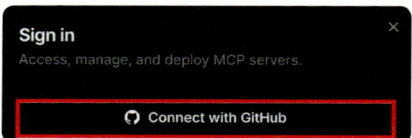

10. **Authorize Smithery AI**를 클릭합니다.

    ▼ **그림 8-65** 'Authorize Smithery AI' 클릭

    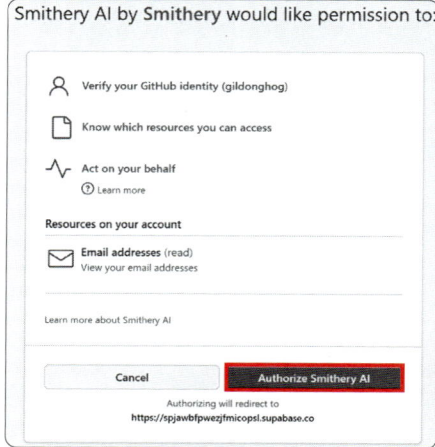

11. 이제 로그인이 완료되었습니다.

▼ 그림 8-66 로그인된 화면

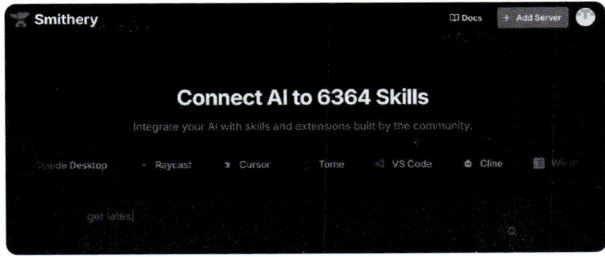

바로 이어서 커서에서 MCP 서버를 연결하는 방법에 대해 알아보겠습니다.

8.2.1 Sequential Thinking 연결하기

먼저 알아볼 것은 Sequential Thinking입니다. Sequential Thinking은 말 그대로 사용자의 질문에 답변할 때 추론을 사용하는 것입니다.

> 실습에 사용된 스미더리 URL
> : https://smithery.ai/server/@xinzhongyouhai/mcp-sequentialthinking-tools

1. https://smithery.ai에 접속하여 'Sequential Thinking'을 검색합니다. 검색 결과가 여러 개 나타나지만, 이 책에서는 다음 경로의 서버를 사용합니다.

   https://smithery.ai/server/@xinzhongyouhai/mcp-sequentialthinking-tools

   다른 항목을 선택해도 실행은 가능하지만, 책의 설명과 옵션이 다를 수 있으므로 가급적이면 동일한 서버를 사용하는 것을 권장합니다. 책에서 사용한 MCP 서버가 삭제되었다면 다른 검색 결과를 사용해주세요.

   ▼ 그림 8-67 'Sequential Thinking' 클릭

   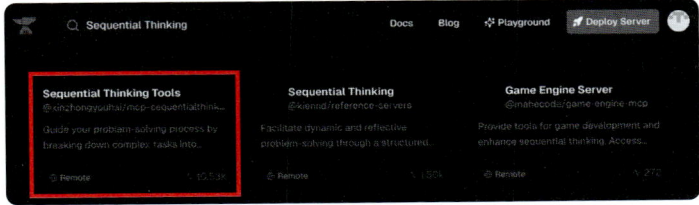

2. **Sequential Thinking**을 클릭한 뒤 다음 그림과 같이 **JSON** > **Connect** > **Windows**를 선택합니다(사용 중인 운영체제에 맞춰 옵션을 선택하세요). **Copy**를 클릭하고 복사한 내용을 메모장에 저장해둡니다.

▼ 그림 8-68 'Copy' 클릭하여 내용 저장

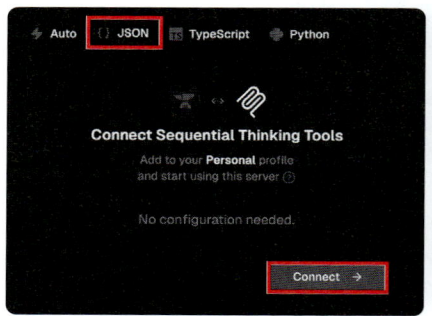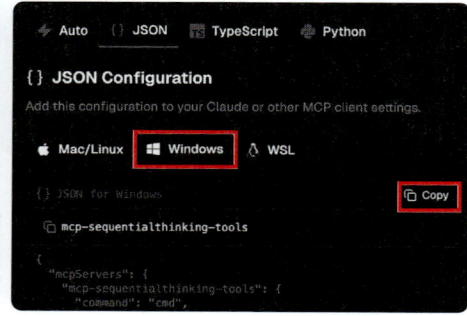

3. 커서를 실행하여 **Open Cursor Settings** > **Tools & Integrations** > **New MCP Server**를 차례대로 클릭합니다. 이후 mcp.json 파일에 **2**에서 복사해두었던 내용을 붙여넣기 한 후 저장합니다. 참고로 이전에 등록했던 MCP 서버가 더 이상 필요 없다면 해당 항목은 삭제해도 무방합니다. 아래 화면 역시 이전에 등록해두었던 MCP 서버는 모두 삭제한 상태입니다.

▼ 그림 8-69 mcp.json 파일 수정

```
{
  "mcpServers": {
    "mcp-sequentialthinking-tools": {
      "command": "cmd",
      "args": [
        "/c",
        "npx",
        "-y",
        "@smithery/cli@latest",
        "run",
        "@xinzhongyouhai/mcp-sequentialthinking-tools",
        "--key",
        "821885b0-9225-431b-9b73-c104d4981cb5"
      ]
    }
  }
}
```

4. 다시 **Open Cursor Settings** > **Tools & Integrations**를 클릭하여 mcp-sequential thinking-tools의 상태에 초록색 표시가 있는지 확인합니다.

▼ 그림 8-70 mcp-sequentialthinking-tools 상태 확인

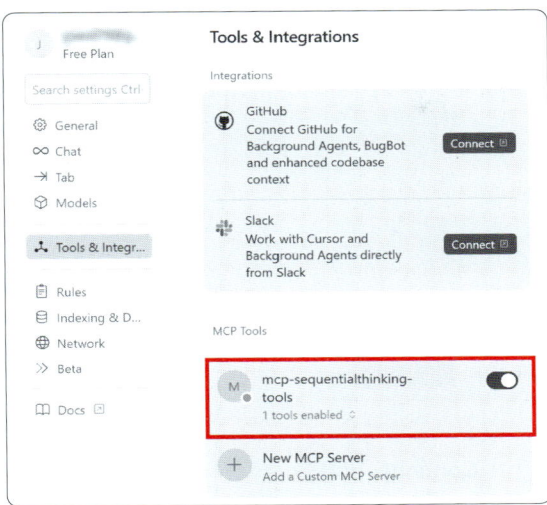

5. sequentialthinking을 테스트하기 위해 Ctrl + Alt + B 를 눌러 채팅 창을 열고, 아래와 같은 질문을 입력합니다. 이후 도구 사용 여부를 묻는 메시지가 나타나면 **Run tool**을 클릭해 실행합니다.

> sequentialthinking을 사용하여 GPT-4o와 Claude 3 중 어떤 모델이 나에게 더 적합한지 단계적으로 분석해줘

▼ 그림 8-71 도구 실행 버튼 활성화

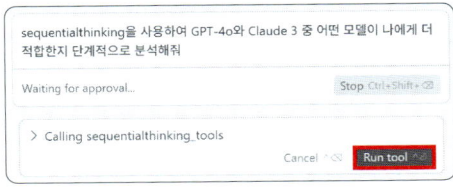

chapter 8 커서에서 MCP 서버 만들고 연결하기 **219**

6. 추론 과정을 위해 단계별로 도구를 사용합니다. 다음과 같이 **Run tool**을 1~2회에 걸쳐 순차적으로 클릭합니다.

   ▼ **그림 8-72** 도구 실행 버튼 활성화

   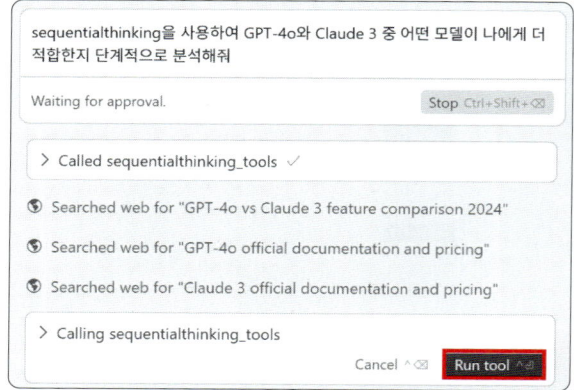

   Run tool을 클릭한 후에 다음과 같이 **Continue** 버튼을 클릭하라는 내용이 나온다면 **Continue** 버튼을 클릭해주세요. 상황에 따라 **Continue** 버튼 클릭은 2~3회 나타날 수 있습니다.

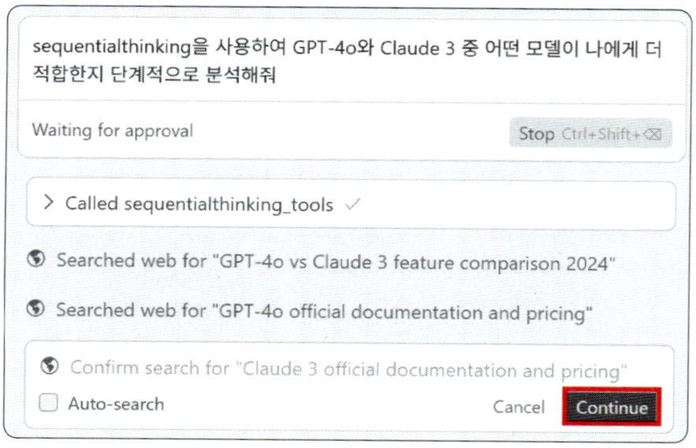

   ▼ **그림 8-73** 'Continue' 버튼 클릭

7. 마지막 **Run tool**을 클릭하면 다음과 같은 답변을 보여줍니다.

▼ 그림 8-74 도구 사용 결과

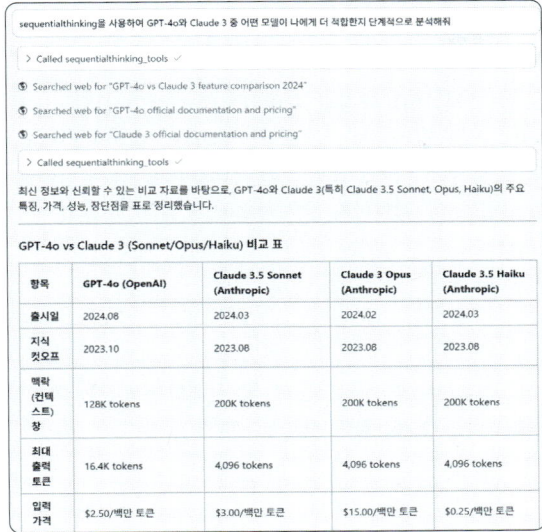

(중간 생략)

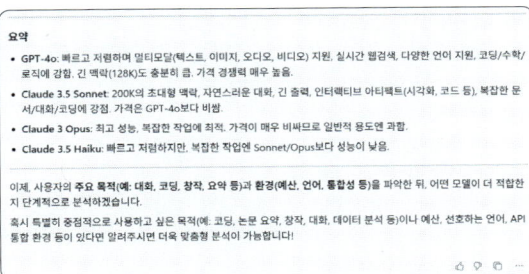

8. 추론 과정을 살펴보기 위해서는 **Called sequentialthinking_tools** √을 하나씩 클릭해보면 됩니다.

▼ 그림 8-75 Called sequentialthinking_tools

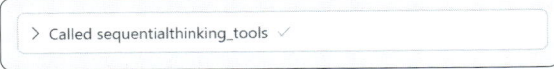

예를 들어 첫 번째 'Called sequentialthinking_tools √'을 클릭하면 다음과 같은 과정을 보여줍니다.

```
{
  "thought": "우선, GPT-4o와 Claude 3의 주요 특징과 차이점을 파악해야 한다. 이를 위해 두 모델의 공식 문서, 성능, 가격, 지원 언어, API 사용성, 특화된 기능 등을 비교할 필요가 있다. 이후, 사용자의 주요 목적(예: 대화, 코딩, 창작, 요약 등)과 환경(예: 예산, 언어, 통합성 등)에 따라 어떤 모델이 더 적합한지 단계적으로 분석할 것이다.",
  "next_thought_needed": true,
  "thought_number": 1,
  "total_thoughts": 5,
  "current_step": {
    "step_description": "GPT-4o와 Claude 3의 공식 문서 및 신뢰할 수 있는 출처에서 각 모델의 주요 특징, 장단점, 가격, 지원 언어, API 사용성, 특화 기능 등을 조사한다.",
    "recommended_tools": [
      {
        "tool_name": "functions.web_search",
        "confidence": 1,
        "rationale": "최신 정보와 공식 문서, 비교 자료를 얻기 위해 웹 검색이 필요하다.",
        "priority": 1,
        "alternatives": [
          "functions.codebase_search"
        ]
      }
    ],
    "expected_outcome": "두 모델의 객관적인 특징, 장단점, 가격, 지원 언어, API 사용성, 특화 기능에 대한 요약 표 또는 정리.",
    "next_step_conditions": [
      "정보가 충분히 수집되었는지 확인한다.",
      "출처가 신뢰할 수 있는지 검토한다."
    ]
  },
  "remaining_steps": [
    "수집한 정보를 표로 정리하여 비교한다.",
    "사용자의 주요 목적과 환경(예산, 언어, 통합성 등)을 파악한다.",
```

```
        "사용 목적에 따라 어떤 모델이 더 적합한지 분석한다.",
        "최종적으로 추천 모델과 그 이유를 제시한다."
]
```

> **노트**
>
> **sequentialthinking 도구 사용이 안 될 때**
>
> MCP 서버와의 연결이 불안정할 경우 sequentialthinking 도구를 명시했음에도 불구하고 도구가 정상적으로 실행되지 않는 경우가 발생할 수 있습니다. 이런 경우에는 **Open Cursor Settings** > **Tools & Integrations**를 차례대로 클릭한 뒤, 토글 버튼을 클릭하여 off로 변경한 후에 다시 on으로 설정해주세요.
>
> ▼ **그림 8-76** Open Cursor Settings > Tools & Integrations

8.2.2 웹 검색(Brave Search) 연결하기

이번에는 Brave라는 웹 검색 MCP 서버를 이용하는 방법에 대해 알아보겠습니다.

> 실습에 사용된 스미더리 URL:
> https://smithery.ai/server/@smithery-ai/brave-search

1. 스미더리에 접속하여 'brave'라고 입력한 후 **검색** 버튼을 클릭합니다.

    https://smithery.ai

    ▼ **그림 8-77** 스미더리에서 brave 검색

    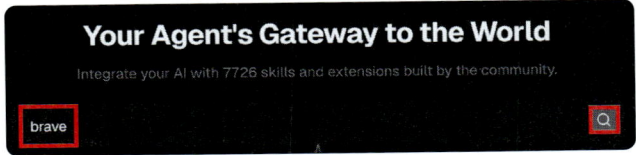

2. **Brave Search**를 클릭합니다. 해당 URL은 다음과 같습니다. 역시 다른 항목을 선택해도 실행은 가능하지만, 책의 설명과 옵션이 다를 수 있으므로 가급적이면 동일한 서버를 사용하는 것을 권장합니다.

   https://smithery.ai/server/@smithery-ai/brave-search

   ▼ **그림 8-78** MCP 서버 선택

   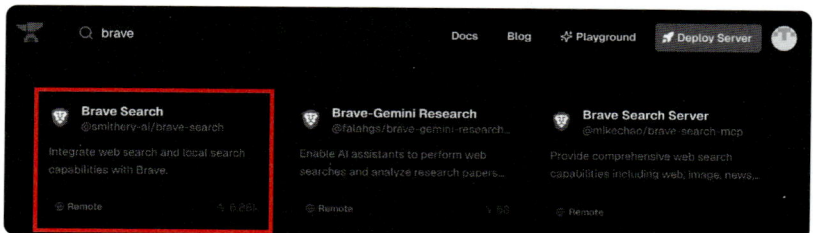

3. JSON을 선택하고 앞에서 받아두었던 Brave API 키를 입력한 후 **Connect**를 클릭합니다.

   ▼ **그림 8-79** Connect 클릭

   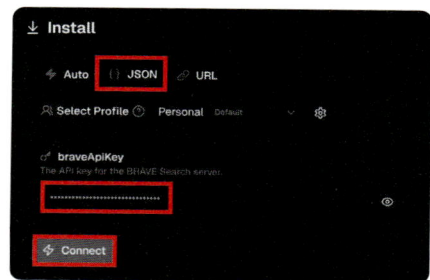

4. **Windows**를 클릭합니다(사용 중인 운영체제에 따라 옵션을 선택하세요). 이후 **Copy**를 클릭하고 코드를 메모장에 저장해둡니다.

   ▼ **그림 8-80** 'Windows' 클릭

   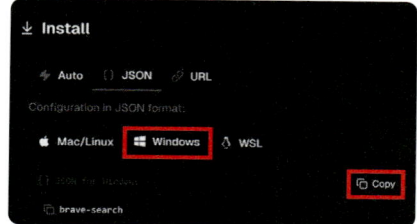

5. 커서를 실행하여 **Open Cursor Settings** > **Tools & Integrations** > **New MCP Server**를 차례대로 클릭합니다. mcp.json 파일을 아래 내용(앞서 **4**에서 복사해두었던 Brave-search 항목)으로 수정하고 저장합니다(아래 화면은 코드가 길어져서 앞에서 등록해 두었던 MCP 서버를 모두 삭제한 상태입니다).

▼ **그림 8-81** mcp.json 파일 수정

```
{
  "mcpServers": {
    "brave-search": {
      "command": "cmd",
      "args": [
        "/c",
        "npx",
        "-y",
        "@smithery/cli@latest",
        "run",
        "@smithery-ai/brave-search",
        "--key",
        "821885b0-9225-431b-9b73-c104d4981cb5",
        "--profile",
        "unacceptable-tyrannosaurus-xrkIUo"
      ]
    }
  }
}
```

6. 다시 **Open Cursor Settings** > **Tools & Integrations**로 이동했을 때 다음과 같은 상태이면 정상적으로 연결된 것입니다.

▼ **그림 8-82** MCP 서버 상태 확인

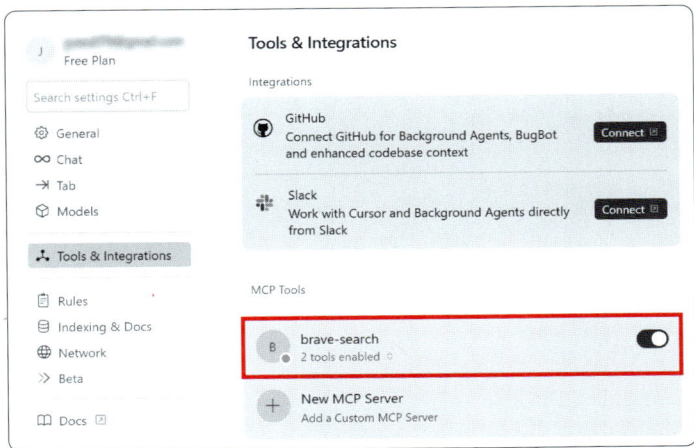

7. 이제 웹 검색을 한번 해볼까요? 앞에서 Tavily를 이용한 검색용 MCP 서버를 연결한 상태라면, 질문할 때 반드시 brave_web_search 도구를 사용하도록 명시해야 합니다. Ctrl + Alt + B 를 눌러 채팅 창을 열고, 다음과 같은 질문을 입력합니다.

> brave_web_search 도구를 사용해서 이스라엘-가자 분쟁에 대한 최신 뉴스를 요약해줘

8. brave_web_search 도구를 사용하겠다는 내용이 표시되면, **Run tool**을 클릭해 실행해주세요.

▼ **그림 8-83** 도구 실행 버튼 활성화

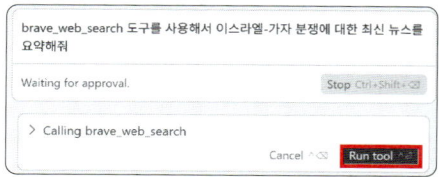

9. 그러면 다음과 같은 결과를 보여줍니다.

▼ **그림 8-84** 도구 사용 결과

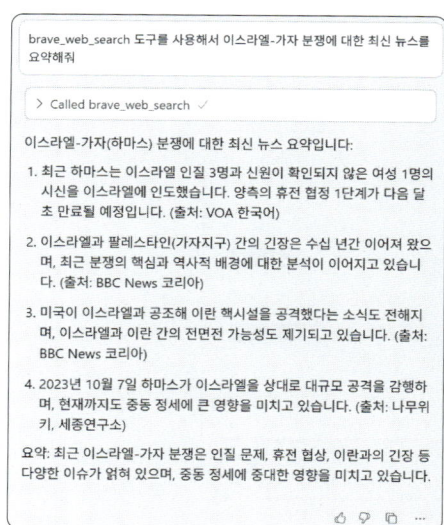

웹에서 검색하고 싶은 다른 질문들도 추가로 진행해보세요.

8.2.3 윈도우 탐색기 연결하기

이번에는 윈도우 파일 탐색기에 대한 MCP 서버를 연결해보겠습니다.

> 실습에 사용된 스미더리 URL
> : https://smithery.ai/server/@ai-yliu/filesystem-mcp-server

1. 스미더리에 접속하여 'filesystem'을 검색합니다.

   https://smithery.ai/server/@ai-yliu/filesystem-mcp-server

2. 다양한 검색 결과가 나타나는데, 이 중에서 **Filesystem MCP Server**를 클릭합니다. 해당 서버가 검색되지 않는다면 다른 검색 결과를 사용해주세요.

   https://smithery.ai/server/@ai-yliu/filesystem-mcp-server

   ▼ 그림 8-85 'Filesystem MCP Server' 클릭

   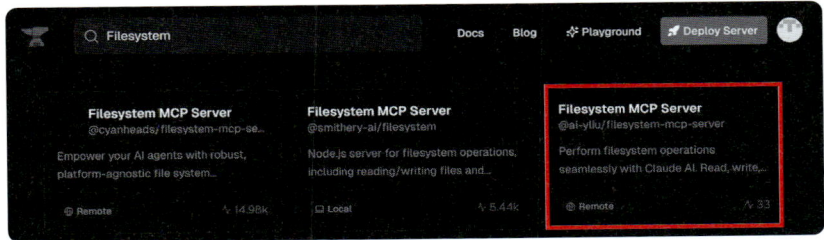

3. JSON을 클릭하면 다음과 같은 화면으로 바뀝니다. **Add Item**을 클릭합니다.

   ▼ 그림 8-86 'Add Item' 클릭

   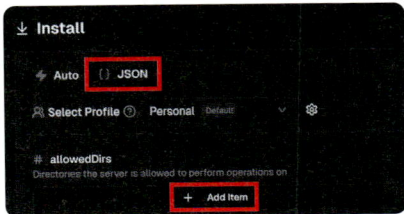

4. 다음과 같이 D:\를 입력한 후 **Connect**를 클릭합니다.

▼ **그림 8-87** 디렉터리 입력 후 'Connect' 클릭

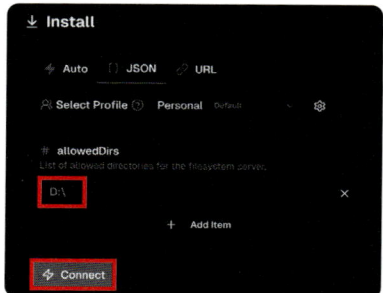

5. **Windows**를 선택한 후 **Copy**를 클릭하여 내용을 복사합니다(사용 중인 PC의 운영체제에 따라 옵션을 선택해주세요).

▼ **그림 8-88** Windows > Copy

6. 커서를 실행하여 **Open Cursor Settings > Tools & Integrations > New MCP Server**를 클릭합니다.

7. mcp.json 파일을 다음 내용(앞에서 복사해둔 항목)으로 교체한 후 저장합니다(참고로 다음 화면은 이전에 연결해둔 MCP 서버를 모두 삭제한 상태입니다).

▼ **그림 8-89** mcp.json 파일 수정

main.py 2, U | Cursor Settings | {} mcp.json ×

C: > Users > JYSEO > .cursor > {} mcp.json > ...

```json
{
  "mcpServers": {
    "filesystem-mcp-server": {
      "command": "cmd",
      "args": [
        "/c",
        "npx",
        "-y",
        "@smithery/cli@latest",
        "run",
        "@ai-yliu/filesystem-mcp-server",
        "--key",
        "821885b0-9225-431b-9b73-c104d4981cb5",
        "--profile",
        "unacceptable-tyrannosaurus-xrkIUo"
      ]
    }
  }
}
```

8. 다시 **Open Cursor Settings > Tools & Integrations**로 이동한 후 서버 상태가 다음과 같이 초록색으로 표시되는지 확인합니다.

▼ **그림 8-90** 연결 상태 확인

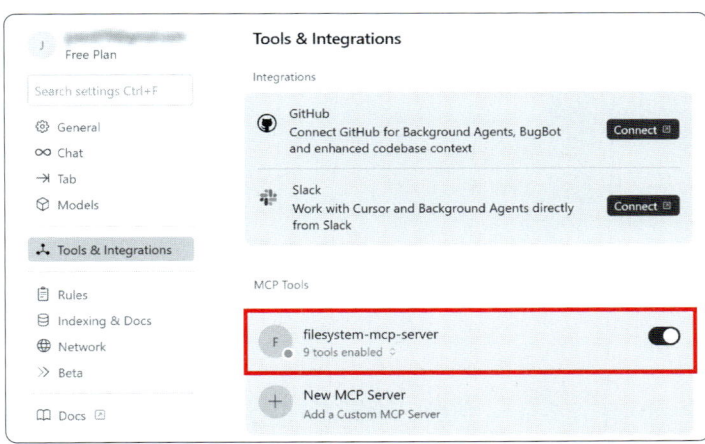

9. Ctrl + Alt + B를 눌러 채팅 창을 열고 다음과 같은 질문을 입력합니다 그러면 명령어와 함께 **Run** 버튼이 활성화됩니다. 해당 버튼을 클릭해주세요. 본인이 보유한 파일 이름에 맞게 질문을 작성해야 정확히 검색됩니다.

```
'기계학습'이 포함된 폴더를 찾아줘
```

▼ 그림 8-91 'Run' 클릭

10. 검색 결과는 다음과 같습니다.

▼ 그림 8-92 도구 사용 결과

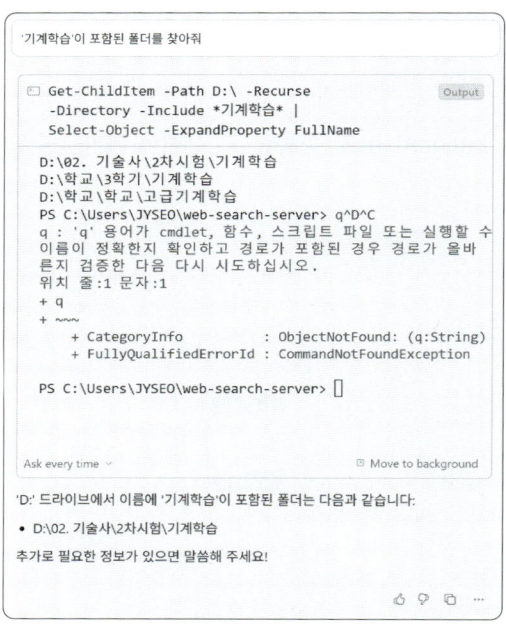

지금까지 공개된 MCP 서버를 사용하는 방법에 대해 알아봤습니다. 코드를 생성하지 않고 이미 만들어진 것을 사용하면 되기 때문에 상당히 편리합니다. 하지만 MCP 서버가 안정적이지 않다면 사용자가 불편할 수 있습니다. 이 문제만 해결되면 좋을 듯합니다.

이어서 다음 장부터는 클로드 데스크톱에서 MCP 서버를 사용하는 방법에 대해 살펴보겠습니다.

CHAPTER 9

클로드 데스크톱에서 MCP 서버 만들고 연결하기

| SECTION 1 | 나만의 MCP 서버 등록하기 |
| SECTION 2 | 공개 MCP 서버 연결하기 |

나만의 MCP 서버 등록하기

클로드 데스크톱에서는 커서에서 만들었던 실습 중 두 개만 진행해보겠습니다. 먼저 윈도우 탐색기에서 파일을 검색하는 실습부터 해봅시다.

9.1.1 윈도우 탐색기

기본 코드는 커서에서 생성했던 것을 사용하겠지만, 클로드 데스크톱에서 실행하기 위해서는 일부 수정이 필요합니다.

> 사용할 폴더: explorer-server
> 사용할 파일: explorer-claude.py

1. 커서를 실행하여 **File > Open Folder**를 클릭한 후 C:₩Users₩JYSEO₩explorer-server 위치를 지정해줍니다.

2. 탐색기 창에서 explorer-claude.py을 클릭합니다. 코드의 내용은 커서에서 진행했던 것과 유사하므로 주석을 참조해주세요. 또한 아래에 있는 경로는 검색할 파일이 위치한 디렉터리를 의미하므로, 실제 검색이 필요한 경로로 수정해주세요.

```
ROOT_DIR = "C:/Users/JYSEO/Documents"
```

코드

```
import os  # 운영체제와 상호작용하기 위한 표준 모듈로, 파일 및 디렉터리 경로 구성, 파일 탐색, 파일 정보 조회 등에 사용
import logging  # 코드 실행 중에 발생하는 정보, 경고, 오류 등의 메시지를 기록하거나 출력하는 데 사용되는 로깅 모듈
import sys  # 시스템 관련 기능을 제공하는 모듈로, 여기서는 표준 오류 출력(sys.stderr)에 디버그 메시지를 출력하는 데 사용
```

```python
from datetime import datetime  # 유닉스 타임스탬프를 사람이 읽을 수 있는 날짜와
시간 형식으로 변환할 때 사용되는 모듈
from typing import List, Dict  # 함수의 입력값과 반환값에 타입 힌트를 제공하기 위
한 모듈
from mcp.server.fastmcp import FastMCP  # 랭체인 기반 MCP 서버를 간단하게 구성
하고, 사용자 정의 도구(tool)를 등록할 수 있는 클래스
import asyncio  # 비동기 처리를 위한 표준 모듈

# MCP 서버 인스턴스를 생성, 서버의 이름은 "File-Search"로 설정되어 있으며,
# 이는 MCP 클라이언트에서 도구 목록을 조회하거나 호출할 때 식별자로 사용됨
mcp = FastMCP("File-Search")

# 로깅 레벨을 INFO로 설정하여, INFO 이상의 로그 메시지를 출력
# 이 설정을 통해 이후 logging.info(), warning(), error() 등의 메시지가 콘솔에 출력
logging.basicConfig(level=logging.INFO)

# MCP 서버가 시작되었음을 알리는 디버그 메시지를 표준 오류(stderr)로 출력
# 표준 출력(stdout)이 아닌 오류 스트림을 사용하면, 결과 출력과 디버깅 로그를 구분할
수 있어 개발 및 테스트에 유용
print("[DEBUG] MCP server starting...", file=sys.stderr)

# 파일 검색의 기준이 될 루트 경로를 설정
# 여기서는 D 드라이브 전체 대신, 사용자의 "Documents" 폴더로 범위를 제한하여
# 보안상 안전하고 검색 속도도 빠르게 할 수 있도록 구성
# 해당 경로는 본인이 검색하고자 하는 위치로 변경
ROOT_DIR = "C:/Users/JYSEO/Documents"

# 키워드가 포함된 파일을 찾는 동기 방식의 함수
# base_path 하위 폴더를 재귀적으로 순회하며, 파일명에 주어진 keyword가 포함된 파일
들을 찾아 리스트로 반환
# 최대 결과 개수는 max_results로 제한되며, 기본값은 20
def search_files(keyword: str, base_path: str = ROOT_DIR, max_results: int
= 20) -> List[Dict]:
    results = []  # 검색된 파일 정보를 저장할 리스트

    # os.walk()는 지정된 경로의 모든 하위 디렉터리를 포함하여 순회하며
    # 현재 경로(dirpath), 하위 디렉터리 리스트(_), 파일 리스트(filenames) 반환
```

```python
        for dirpath, _, filenames in os.walk(base_path):
            for fname in filenames:  # 해당 경로에 존재하는 모든 파일을 하나씩 확인
                if keyword.lower() in fname.lower():  # 파일명에 키워드가 포함되어 있는지 대소문자를 무시하고 검사
                    fpath = os.path.abspath(os.path.join(dirpath, fname))  # 상대 경로를 절대 경로로 변환하여 전체 경로를 구성
                    try:
                        stat = os.stat(fpath)  # os.stat()을 통해 파일의 메타데이터(크기, 생성 시간 등)를 가져옴
                        results.append({
                            "파일명": fname,
                            "경로": fpath,
                            "크기(Bytes)": stat.st_size,
                            "생성일": datetime.fromtimestamp(stat.st_ctime).strftime("%Y-%m-%d %H:%M"),
                        })  # 파일명, 경로, 크기, 생성일을 딕셔너리 형태로 정리하여 리스트에 추가

                        if len(results) >= max_results:  # 결과 개수가 지정한 최대값에 도달하면 바로 리스트를 반환
                            return results
                    except Exception as e:
                        # 파일에 접근할 수 없는 경우(예: 권한 문제, 손상된 파일 등) 경고 메시지를 로그로 남기고 해당 파일은 건너뜀
                        logging.warning(f"파일 접근 오류: {fpath} - {e}")
    return results  # 전체 검색이 끝난 뒤 결과 리스트를 반환

# MCP에 등록할 도구(tool)를 정의, 랭체인 또는 커서, 클로드 데스크톱 등에서 호출 가능한 외부 호출형
@mcp.tool()
async def find_file(keyword: str) -> str:
    # 도구 설명으로, 사용자 인터페이스나 로그에 표시
    """Documents 폴더에서 키워드에 해당하는 파일을 검색합니다."""

    logging.info(f"'{keyword}' 키워드로 파일 검색 시작")  # 검색 시작 로그를 출력

    loop = asyncio.get_event_loop()  # 현재 실행 중인 이벤트 루프를 가져옴
```

```python
        # search_files 함수는 동기 함수이므로, run_in_executor를 사용해 별도 스레드
에서 실행
        found = await loop.run_in_executor(None, search_files, keyword)

        if not found:   # 검색 결과가 비어 있다면
            # 사용자에게 파일이 없음을 알리는 메시지를 반환
            return f"'{keyword}'에 해당하는 파일을 찾을 수 없습니다."

        # 검색된 파일 리스트를 문자열로 변환
        # 각 항목은 파일명, 파일 크기, 경로를 포함하며 보기 좋게 줄바꿈하여 구성
        return "\n".join([f"{f['파일명']} ({f['크기(Bytes)']} Bytes) - {f['경
로']}" for f in found])

# 파이썬 파일이 직접 실행되는 경우에만 MCP 서버를 실행
# transport="stdio"는 MCP 서버와 클라이언트(커서, 클로드 데스크톱 등)가 표준 입력/
출력을 통해 통신할 수 있도록 설정하는 방식
if __name__ == "__main__":
    asyncio.run(mcp.run(transport="stdio"))   # MCP 서버를 비동기적으로 실행
```

커서에서 사용했던 코드와 가장 큰 차이점은 다음과 같습니다. 예를 들어 커서에서의 코드는 다음과 같았죠?

코드

```python
if __name__ == "__main__":
    mcp.run(transport="stdio")
```

하지만 클로드 데스크톱에서는 다음과 같이 사용합니다.

코드

```python
if __name__ == "__main__":
    asyncio.run(mcp.run(transport="stdio"))
```

나머지 코드는 차이가 크지 않으므로 하나하나 비교하지는 않겠습니다.

3. 코드에 오류가 없는지 확인하기 위해 **Run Python File**을 클릭합니다. 터미널 창에 다음과 같이 결과가 나타난다면 오류가 없는 상태입니다. 터미널 창에서 Ctrl + C 를 눌러 실행을 종료합니다.

▼ **그림 9-1** 실행 결과

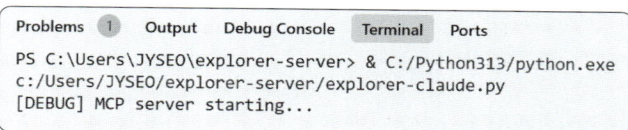

4. C:\Users\JYSEO\explorer-server에 저장된 explorer-claude.py을 C:\Users\JYSEO\AppData\Local\AnthropicClaude\app-0.11.3으로 복사해주세요.

 참고로 C:\Users\JYSEO\AppData\Local\AnthropicClaude\app-0.11.3 경로는 클로드 데스크톱이 설치된 경로입니다. 기본 경로로 설치했다면 JYSEO 대신 본인의 사용자 이름으로 변경하면 됩니다. 또한 설치 버전에 따라 app-0.11.3은 다를 수 있으므로 C:\Users\JYSEO\AppData\Local\AnthropicClaude 하위 경로의 폴더를 확인해주세요.

5. 이제 클로드 데스크톱에서 연결을 설정하겠습니다. 먼저 클로드 데스크톱을 실행한 후 메뉴에서 **파일 > 설정**을 차례대로 클릭합니다.

▼ **그림 9-2** 파일 > 설정

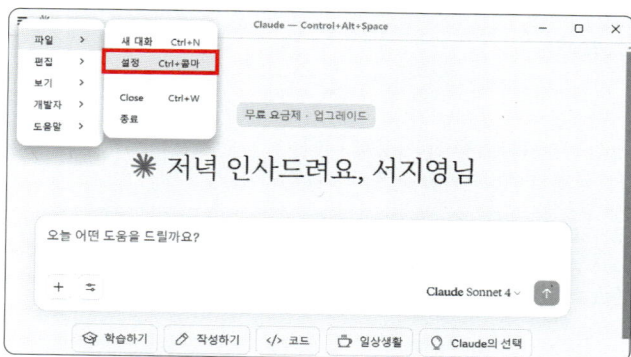

6. **개발자 > 설정 편집**을 클릭합니다.

▼ **그림 9-3** 개발자 > 설정 편집

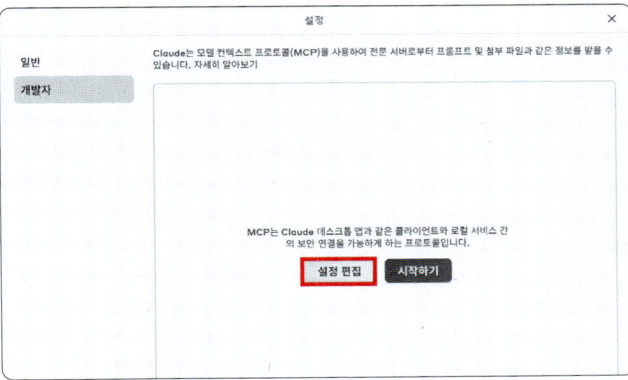

7. claude_desktop_config.json을 메모장에서 열어주세요. 그러면 아래와 같은 내용이 입력되어 있을 것입니다.

> 코드

```
{}
```

8. 내용을 아래와 같이 수정한 후 저장합니다. 이후 클로드 데스크톱 창을 닫아주세요. 참고로 command와 workingDirectory의 경로는 본인이 사용 중인 환경에 맞게 수정해야 합니다.

> 코드

```
{
  "mcpServers": {
    "file-search": {
      "command": "C:/Python313/python.exe",
      "args": ["explorer-claude.py"],
      "transport": "stdio",
      "workingDirectory": "C:/Users/JYSEO/AppData/Local/AnthropicClaude/app-0.11.3"
    }
  }
}
```

9. 클로드 데스크톱은 창을 닫아도 백그라운드에서 계속 실행됩니다. 따라서 작업 관리자를 열고 왼쪽 메뉴에서 **프로세스**를 선택한 뒤, Claude 항목에서 마우스 오른쪽 버튼을 클릭해 **작업 끝내기**를 선택합니다.

▼ **그림 9-4** 작업 관리자에서 claude.exe 프로세스 확인

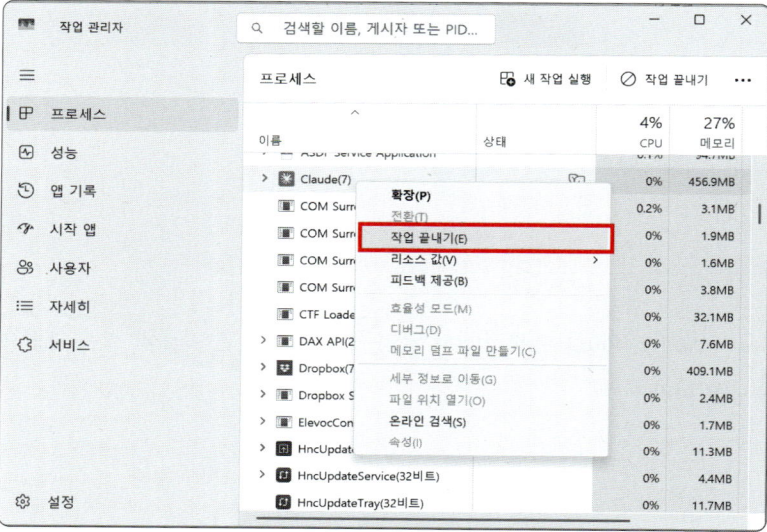

10. 다시 클로드 데스크톱을 실행합니다. **파일 > 설정 > 개발자 > file-search**를 순차적으로 클릭합니다. 다음과 같이 'running' 상태이면 정상적으로 동작하고 있는 것입니다.

▼ **그림 9-5** MCP 서버 상태 확인

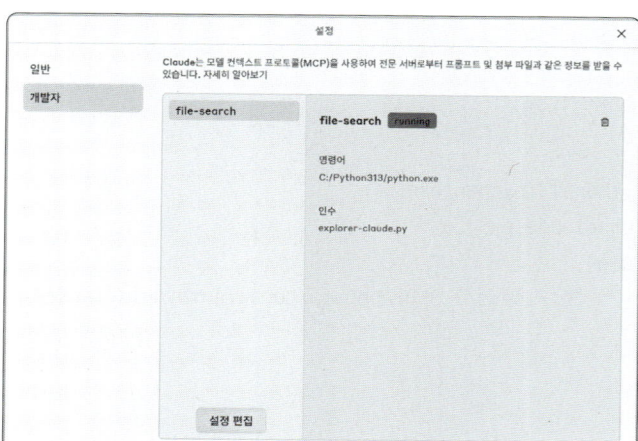

11. MCP 서버가 정상적으로 실행되면, 다음 화면처럼 **검색 및 도구** 메뉴를 클릭했을 때 사용 가능한 도구 목록이 표시됩니다. **file-search**를 클릭합니다.

▼ 그림 9-6 도구 클릭

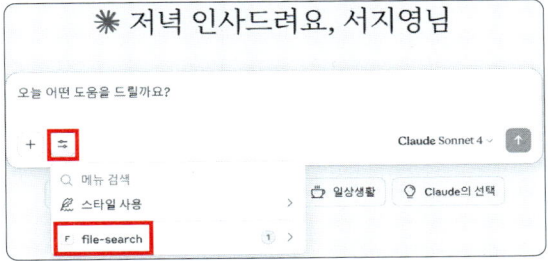

12. 그러면 다음과 같이 사용 가능한 도구 목록이 표시되는데, 해당 도구를 활성화된 상태로 유지합니다.

▼ 그림 9-7 도구를 활성화 상태로 유지

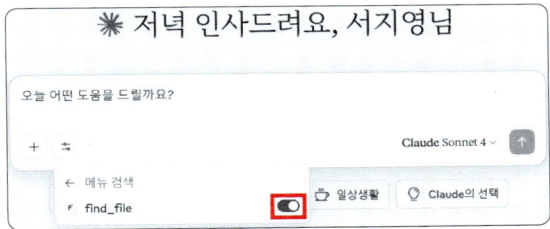

13. 검색할 파일을 입력한 후 Enter 키를 눌러주세요.

입력

mcp라는 단어가 포함된 파일을 검색해줘

▼ 그림 9-8 검색 문장 입력

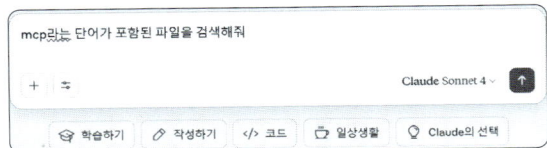

14. 다음과 같이 도구 사용을 허용할지 묻는 메시지가 나타납니다. 이번 실습은 테스트 목적이므로 **한 번만 허용**을 클릭해주세요. 참고로 **항상 허용**을 선택하면, 이후 해당 도구를 사용할 때마다 별도로 허용 여부를 묻지 않게 됩니다.

▼ **그림 9-9** 이 대화에 도구 사용 허용

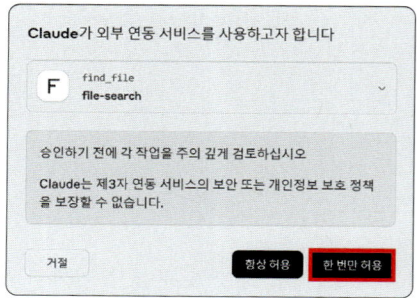

15. 다음과 같은 결과를 보여줍니다.

▼ **그림 9-10** 도구 사용 결과

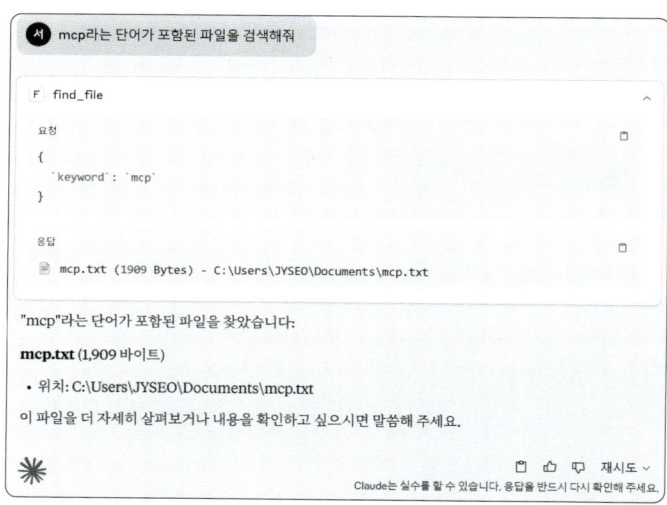

이와 유사한 다른 질문도 진행해보세요.

9.1.2 Math MCP 서버

이번 실습은 Math MCP 서버를 클로드 데스크톱에서 연결하는 것입니다. 역시 기본 코드는 커서에서 생성했던 것을 사용할 예정이지만, 클로드 데스크톱에서 실행하기 위해 수정이 필요합니다.

> 사용할 폴더: math-server
> 사용할 파일: math-claude.py

1. 커서를 실행하여 **File** > **Open Folder**를 클릭한 후 C:₩Users₩JYSEO₩math-server 위치를 지정해줍니다.

2. 탐색 창에서 math-claude.py을 클릭한 후 **Run Python File**을 클릭합니다. 참고로 코드의 내용은 커서에서 진행했던 것과 유사하므로 주석을 참조해서 이해해주세요.

코드

```python
import logging  # 프로그램 실행 중 정보, 경고, 오류 등의 메시지를 기록하거나 콘솔에 출력하기 위한 표준 파이썬 모듈
import asyncio  # 비동기 처리를 위한 표준 모듈로, MCP 서버를 실행할 때 이벤트 루프 기반으로 동작
from mcp.server.fastmcp import FastMCP  # MCP 서버를 간단하게 생성하고 도구(tool)를 등록할 수 있는 LangChain 기반의 클래스

logging.basicConfig(level=logging.INFO)  # 로깅 레벨을 INFO로 설정하여 정보, 경고, 오류 메시지를 출력

mcp = FastMCP("Math")  # MCP 서버 인스턴스를 생성. 이름 "Math"는 도구 식별자 역할을 함, 예를 들어 커서에서 연결된 MCP 서버 목록 중 "Math"라는 이름으로 표시

@mcp.tool()  # 이 데코레이터는 아래의 add 함수를 MCP 서버에 도구(tool)로 등록
def add(a, b) -> int:
    """더하기"""  # 도구 설명
    try:
        a = int(a)  # 입력값 a를 정수형으로 변환. 문자열로 입력된 숫자도 처리
        b = int(b)  # 입력값 b도 정수형으로 변환
        logging.info(f"Adding {a} and {b}")  # 어떤 값을 더하는지 로그로 기록
```

```python
        return a + b  # 두 값을 더한 결과를 반환
    except Exception as e:  # 변환 오류 또는 연산 중 오류가 발생했을 경우
        logging.error(f"Invalid input in add: {a}, {b} - {e}")  # 오류 내용을 로그에 출력
        raise  # 오류를 다시 발생시켜 호출한 쪽에서 예외를 인식할 수 있게 함

@mcp.tool()  # Subtract 함수도 MCP 도구로 등록
def Subtract(a, b) -> int:
    """빼기"""  # 이 도구는 두 숫자의 차를 계산
    try:
        a = int(a)  # 입력값 a를 정수로 변환
        b = int(b)  # 입력값 b를 정수로 변환
        logging.info(f"Subtracting {a} and {b}")  # 어떤 값을 빼는지 로그에 기록
        return a - b  # 두 수의 차를 반환
    except Exception as e:  # 오류가 발생한 경우
        # 오류 내용을 로그로 남김
        logging.error(f"Invalid input in subtract: {a}, {b} - {e}")
        raise  # 예외를 다시 발생시켜 오류 처리 흐름이 유지되도록 함

if __name__ == "__main__":  # 이 파일이 메인으로 실행될 때만 아래 코드가 실행
    asyncio.run(mcp.run(transport="stdio"))  # MCP 서버를 asyncio 기반으로 실행
```

3. 실행 결과, 터미널 창에 아무런 출력 없이 멈춰 있는 상태라면 이는 오류 없이 정상적으로 실행되고 있다는 의미입니다. 터미널 창에서 Ctrl + C 를 눌러 실행을 종료합니다.

▼ **그림 9-11** 실행 버튼 클릭 및 결과 확인

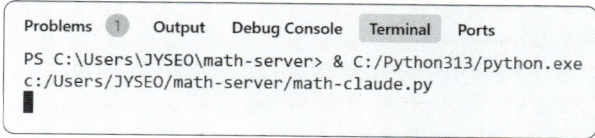

4. C:₩Users₩JYSEO₩math-server에 저장된 math-claude.py를 C:₩Users₩JYSEO₩AppData₩Local₩AnthropicClaude₩app-0.11.3으로 복사해주세요.

5. 이제 클로드 데스크톱에서 연결해주겠습니다. 클로드 데스크톱을 실행한 후 **파일 > 설정**을 차례대로 클릭합니다.

▼ **그림 9-12** 파일 > 설정

6. **개발자 > 설정 편집**을 클릭합니다.

▼ **그림 9-13** 개발자 > 설정 편집

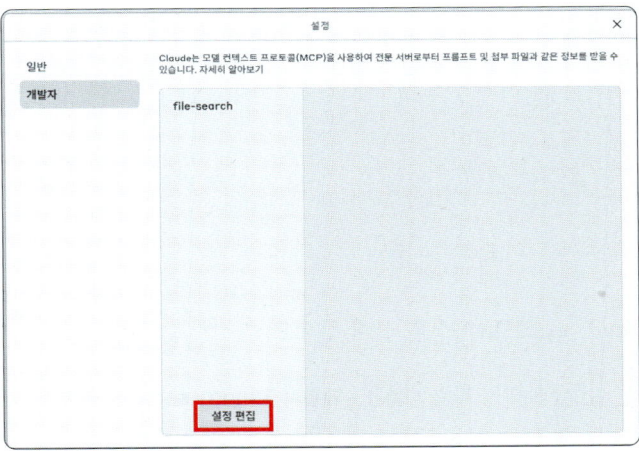

7. claude_desktop_config.json 파일을 메모장에서 열고, 아래의 내용으로 수정한 뒤 저장합니다. 필요하다면 앞에서 연결해둔 file-search 항목은 필요에 따라 삭제해도 괜찮지만, 여기서는 그대로 유지하겠습니다. 수정이 완료되면 클로드 데스크톱 창을 닫아주세요.

코드

```json
{
  "mcpServers": {
    "file-search": {
      "command": "C:/Python313/python.exe",
      "args": ["explorer-claude.py"],
      "transport": "stdio",
      "workingDirectory": "C:/Users/JYSEO/AppData/Local/AnthropicClaude/app-0.11.3"
    },
    "math-server": {
      "command": "C:/Python313/python.exe",
      "args": ["math-claude.py"],
      "transport": "stdio",
      "workingDirectory": "C:/Users/JYSEO/AppData/Local/AnthropicClaude/app-0.11.3"
    }
  }
}
```

8. 작업 관리자에서 모든 claude.exe 프로세스를 끝내 주세요.

9. 다시 클로드 데스크톱을 실행합니다. **파일 > 설정 > 개발자 > math-server**를 순차적으로 클릭합니다. 다음과 같이 math-server가 'running' 상태이면 정상적으로 동작하고 있는 것입니다.

▼ **그림 9-14** MCP 서버 상태 확인

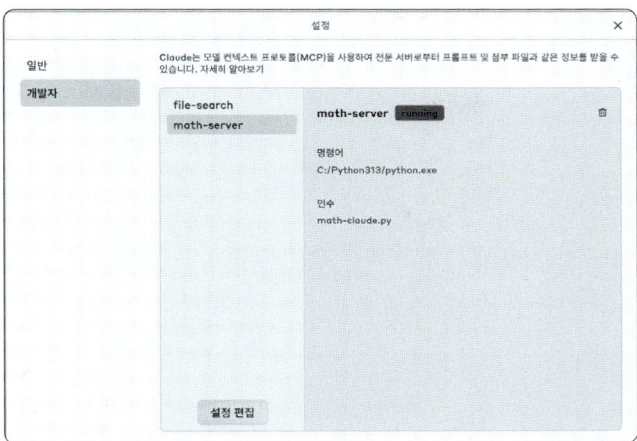

10. 이제 **검색 및 도구**를 클릭한 뒤, **math-server**를 선택합니다. 참고로 오른쪽에 표시된 숫자는 등록된 도구의 개수를 나타냅니다.

▼ **그림 9-15** 도구 클릭

11. **add**와 **Subtract**가 추가로 등록되어 있는 것을 확인할 수 있습니다.

▼ **그림 9-16** 사용 가능한 도구 목록

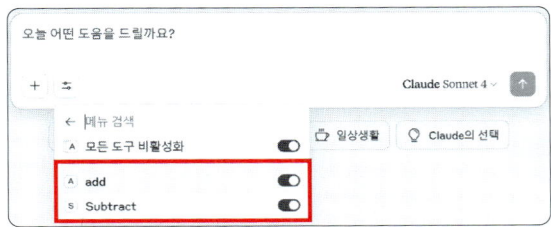

12. 23+76이라고 입력해봅시다.

▼ 그림 9-17 검색 문장 입력

13. 간단한 문제이기 때문에 도구를 사용하지 않고 바로 답변을 줄 수도 있습니다.

▼ 그림 9-18 답변 확인

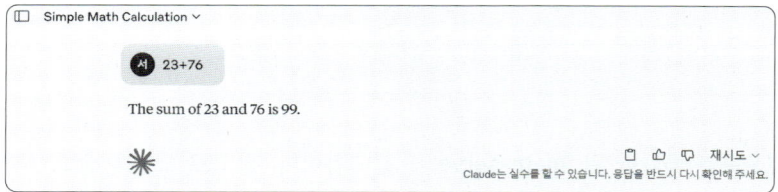

14. 따라서 도구를 지정해서 질의해봅니다.

▼ 그림 9-19 도구 사용을 위한 질문 다시 입력

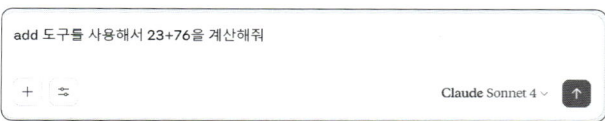

15. 도구 사용을 허용할지 물으며 **한 번만 허용**을 클릭합니다.

▼ 그림 9-20 이 대화에 도구 사용 허용

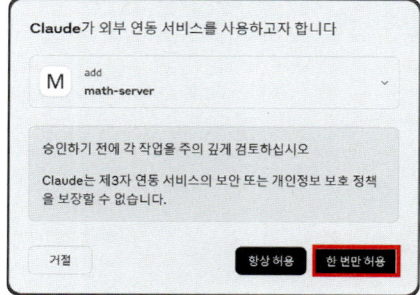

16. 도구 사용 결과는 다음과 같습니다.

▼ 그림 9-21 도구 사용 결과

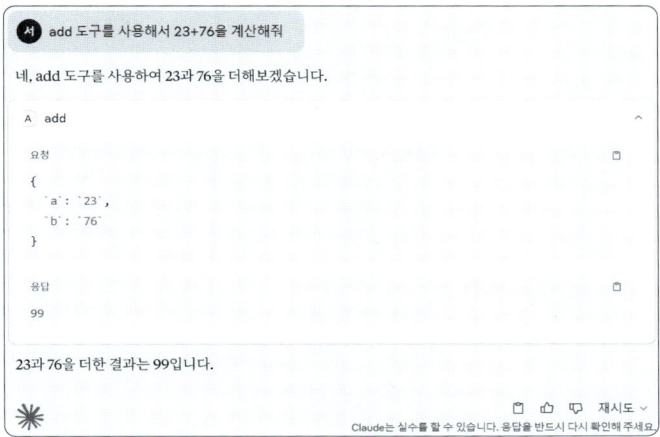

커서에서 사용했던 다른 코드들도 등록해보세요. 앞에서 언급했듯이 핵심은 아래의 코드를 변경해주는 것입니다.

코드 변경 전

```
if __name__ == "__main__":
    mcp.run(transport="stdio")
```

코드 변경 후

```
if __name__ == "__main__":
    asyncio.run(mcp.run(transport="stdio"))
```

이어서 공개 MCP 서버를 클로드 데스크톱에서 연결하는 방법에 대해 알아보겠습니다.

공개 MCP 서버 연결하기

여기서 알아볼 것은 공개 MCP 서버를 사용하는 방법입니다. 웹 검색(Tavily)과 구글 지도(Google Maps)에 대해 알아보겠습니다. 공개 MCP 서버는 스미더리에서 살펴봅니다.

9.2.1 웹 검색(Tavily) 연결하기

이번에 진행할 실습은 미리 정의된 웹 검색 MCP 서버를 클로드 데스크톱에서 연결하는 것입니다.

> 실습에 사용된 스미더리 URL
> : https://smithery.ai/server/@tavily-ai/tavily-mcp

1. 스미더리에 접속합니다.

    https://smithery.ai

2. tavily를 검색한 후 Tavily MCP Server를 클릭합니다. 실습에서 사용한 MCP 서버는 https://smithery.ai/server/@tavily-ai/tavily-mcp입니다.

    ▼ 그림 9-22 Tavily 검색

    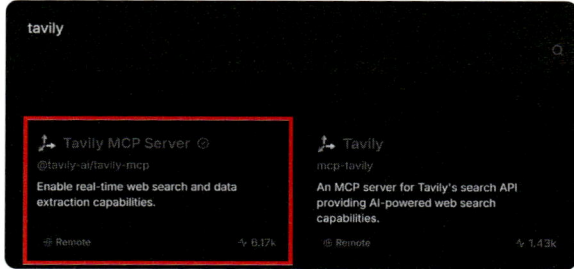

3. JSON을 선택한 상태에서 앞에서 받아두었던 Tavily API 키를 입력합니다. 이후 **Connect**를 클릭해주세요.

▼ 그림 9-23 키 입력 후 'Connect' 클릭

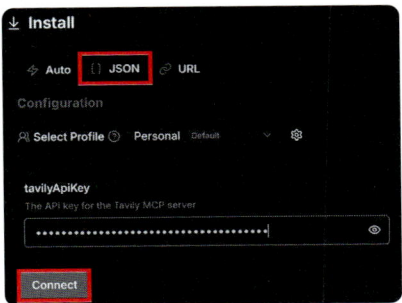

4. **Windows**를 선택한 후 **Copy**를 클릭하여 메모장에 저장해둡니다(사용 중인 운영체제에 맞게 옵션을 선택해주세요).

▼ 그림 9-24 'Copy'를 클릭하여 메모장에 저장

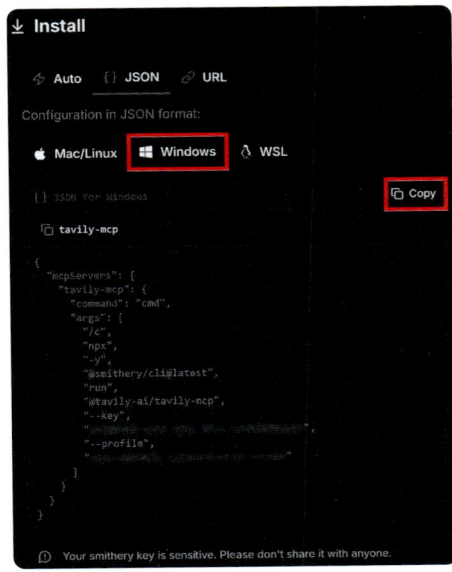

5. 이제 **파일 > 설정 > 개발자 > 설정 편집 > claude_desktop_config.json**을 메모장에서 열어 다음 내용으로 교체한 후 저장해주세요. "tavily-mcp"으로 시작하는 부분이 앞에서 저장했던 항목입니다.

```
{
  "mcpServers": {
    "file-search": {
      "command": "C:/Python313/python.exe",
      "args": ["explorer-claude.py"],
      "transport": "stdio",
      "workingDirectory": "C:/Users/JYSEO/AppData/Local/AnthropicClaude/app-0.11.3"
    },
    "math-server": {
      "command": "C:/Python313/python.exe",
      "args": ["math-claude.py"],
      "transport": "stdio",
      "workingDirectory": "C:/Users/JYSEO/AppData/Local/AnthropicClaude/app-0.11.3"
    },
    "tavily-mcp": {
      "command": "cmd",
      "args": [
        "/c",
        "npx",
        "-y",
        "@smithery/cli@latest",
        "run",
        "@tavily-ai/tavily-mcp",
        "--key",
        "82********************************",
        "--profile",
        "un************************"
      ]
    }
  }
}
```

6. 클로드 데스크톱 관련 창을 모두 닫습니다. 이후 작업 관리자에서 claude.exe 프로세스를 모두 끝냅니다.

7. 클로드 데스크톱을 다시 실행합니다. **파일 > 설정 > 개발자**로 이동하여 tavily-mcp가 다음과 같이 'running' 상태인지 확인합니다.

▼ 그림 9-25 MCP 서버 상태 확인

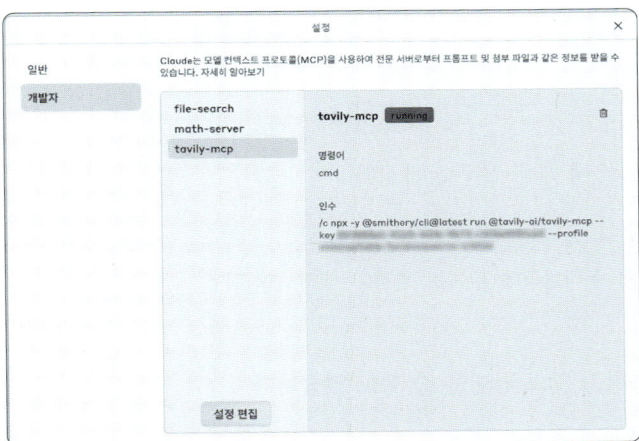

8. **검색 및 도구**를 클릭하면 다음과 같이 **tavily-mcp**가 추가된 것을 확인할 수 있습니다. 참고로 **tavily-mcp**가 목록에 보이기까지 2~3분 정도 소요될 수 있습니다.

▼ 그림 9-26 tavily-mcp

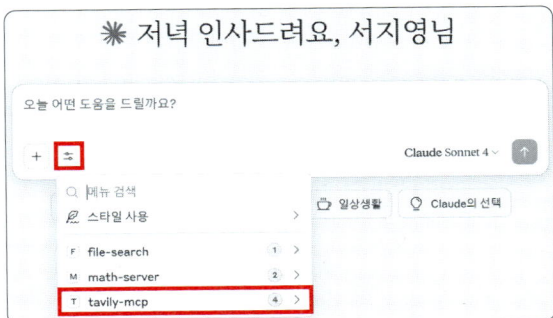

9. Tavily와 관련된 네 개의 도구가 등록된 것을 확인할 수 있습니다.

▼ 그림 9-27 사용 가능한 도구 목록

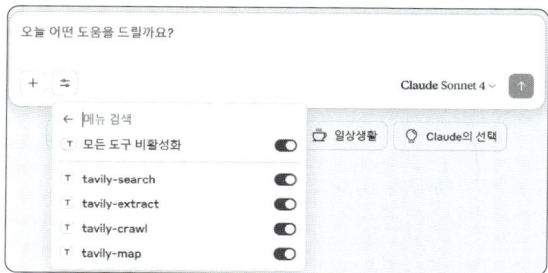

10. 이제 다음과 같이 최신 뉴스에 대해 질문해 봅시다.

> **입력**
>
> 트럼프 대통령의 관세 정책이 우리나라에 미치는 영향에 대해 알려줘

11. 다음과 같이 도구를 사용하지 않고 답변을 줄 수도 있습니다.

▼ 그림 9-28 질의 결과

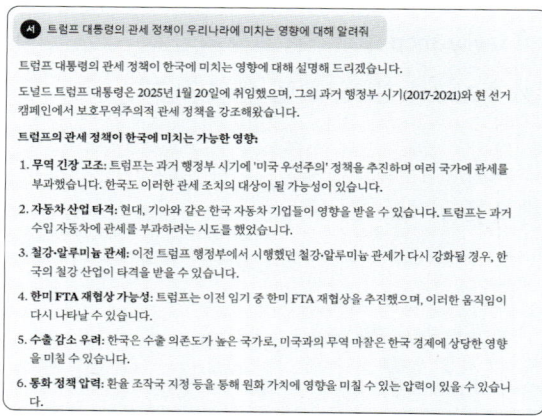

12. 이 경우 도구를 직접 명시해야겠죠? 질문을 다음과 같이 바꿔봅시다.

> **입력**
>
> tavily-search 도구를 이용해서 트럼프 대통령의 관세 정책이 우리나라에 미치는 영향에 대해 알려줘

13. 이제 도구를 사용합니다. **한 번만 허용**을 클릭합니다. 간혹 도구 사용을 묻는 창이 두 번 이상 나타날 수 있으며, 이때마다 **한 번만 허용**을 클릭해주면 됩니다.

▼ 그림 9-29 이 대화에 도구 사용 허용

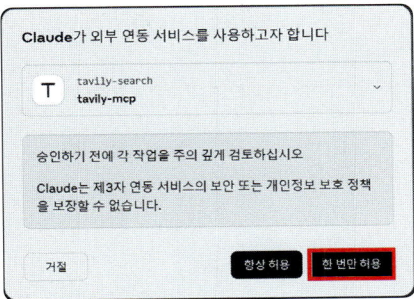

14. 다음과 같이 도구를 이용해서 답변을 생성해준 결과를 확인할 수 있습니다.

▼ 그림 9-30 도구 사용 결과

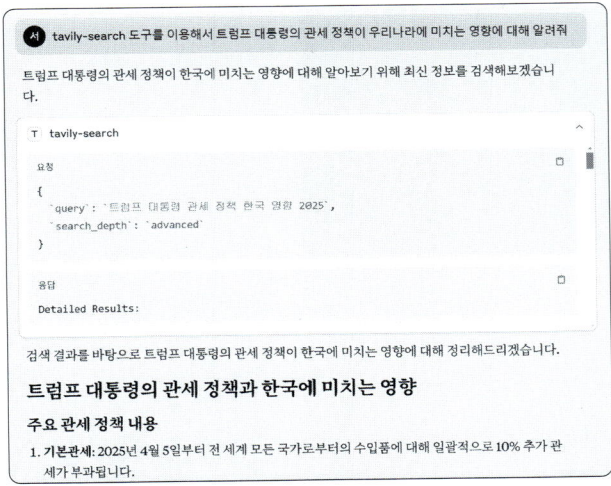

Tavily 도구를 이용해서 또 다른 최신 뉴스를 검색해보세요.

마지막으로 또 하나의 공개 MCP 서버를 연결해보겠습니다. 이번에 연결할 서버는 구글 지도입니다.

9.2.2 구글 지도에 연결하기

마지막으로 미리 정의된 구글 지도 MCP 서버를 클로드 데스크톱에서 연결해보겠습니다.

> 실습에 사용된 스미더리 URL
> : https://smithery.ai/server/@smithery-ai/google-maps

1. 다음 URL에 접속합니다.

   https://smithery.ai

2. 'google maps'를 검색하여 다음을 클릭합니다. 이번 실습에서는 https://smithery.ai/server/@smithery-ai/google-maps를 사용합니다.

   ▼ 그림 9-31 google maps 검색

   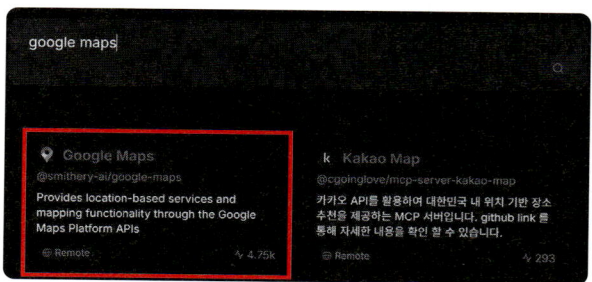

3. JSON을 선택하고 앞에서 받았던 Google Maps API 키를 입력한 후 **Connect**를 클릭합니다.

   ▼ 그림 9-32 키 입력 후 'Connect' 클릭

   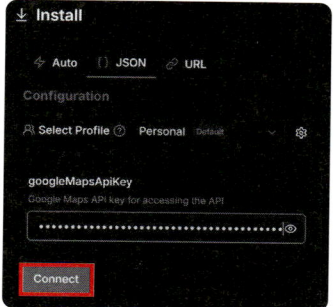

254

4. **Windows**를 선택한 후 **Copy**를 클릭합니다(사용 중인 운영체제에 따라 옵션을 사용해 주세요).

▼ 그림 9-33 'Copy' 클릭하여 메모장에 저장

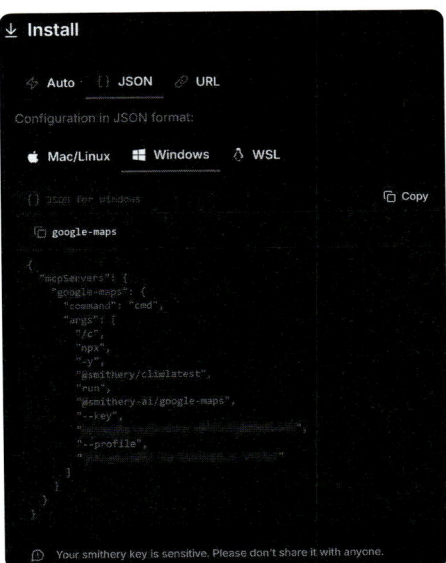

5. 이제 클로드 데스크톱에서 **파일 > 설정 > 개발자 > 설정 편집** 메뉴를 통해 claude_desktop_config.json을 파일을 메모장에서 열어주세요. 그런 다음 아래의 내용으로 교체한 후 저장합니다. 참고로 "google-maps" 항목이 구글 지도와 관련된 설정입니다.

코드

```
{
  "mcpServers": {
    "file-search": {
      "command": "C:/Python313/python.exe",
      "args": ["explorer-claude.py"],
      "transport": "stdio",
      "workingDirectory": "C:/Users/JYSEO/AppData/Local/AnthropicClaude/app-0.11.3"
    },
    "math-server": {
      "command": "C:/Python313/python.exe",
```

```
      "args": ["math-claude.py"],
      "transport": "stdio",
      "workingDirectory": "C:/Users/JYSEO/AppData/Local/AnthropicClaude/app-0.11.3"
    },
    "tavily-mcp": {
      "command": "cmd",
      "args": [
        "/c",
        "npx",
        "-y",
        "@smithery/cli@latest",
        "run",
        "@tavily-ai/tavily-mcp",
        "--key",
        "82*******************************************",
        "--profile",
        "un****************************** "
      ]
    },
    "google-maps": {
      "command": "cmd",
      "args": [
        "/c",
        "npx",
        "-y",
        "@smithery/cli@latest",
        "run",
        "@smithery-ai/google-maps",
        "--key",
        "82****************************************",
        "--profile",
        "un***********************************"
      ]
    }
  }
}
```

6. 클로드 데스크톱 관련 창을 모두 닫습니다. 이후 작업 관리자에서 claude.exe 프로세스를 모두 끝냅니다.

7. 클로드 데스크톱을 다시 실행합니다. **파일** > **설정** > **개발자**로 이동하여 google-map가 다음과 같이 'running' 상태인지 확인합니다.

▼ **그림 9-34** MCP 서버 상태 확인

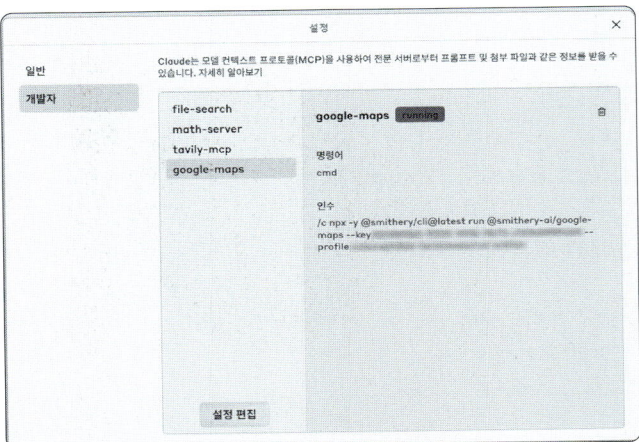

8. **검색 및 도구**를 클릭하면 다음과 같이 **google-maps**가 연결된 것을 확인할 수 있습니다. **google-maps**를 클릭하면 사용 가능한 도구 목록을 보여줍니다. 참고로 **google-maps**가 목록에 보이기까지 2~3분 정도 소요될 수 있습니다.

▼ **그림 9-35** 'google-maps' 클릭

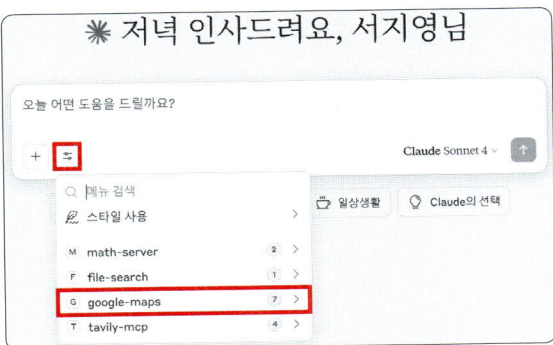

9. 다음과 같이 Google Maps 관련 7개의 도구 목록을 보여줍니다.

▼ **그림 9-36** 사용 가능한 도구 목록

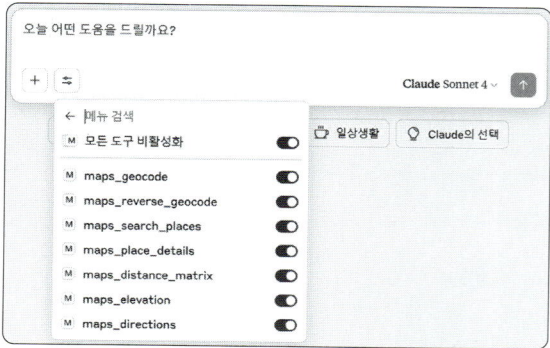

10. 다음과 같이 최신 뉴스에 대해 질문해 봅시다.

입력

강남역 인근에 저렴한 레스토랑을 추천해줘

11. 잘못된 도구를 사용하네요. **거절**을 클릭합니다.

▼ **그림 9-37** 거절 클릭

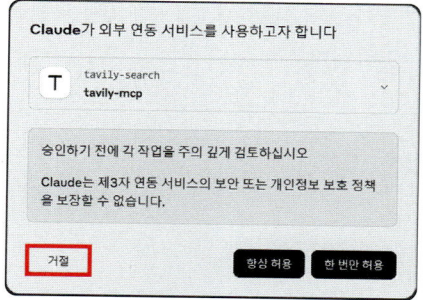

12. 이번에는 다음과 같이 질문합니다.

> **입력**
>
> `maps_search_places` 도구를 사용하여 강남역 인근에 저렴한 레스토랑 3곳을 추천해줘

13. 이제야 제대로 된 도구를 사용하네요. **한 번만 허용**을 클릭합니다.

▼ **그림 9-38** '한 번만 허용' 클릭

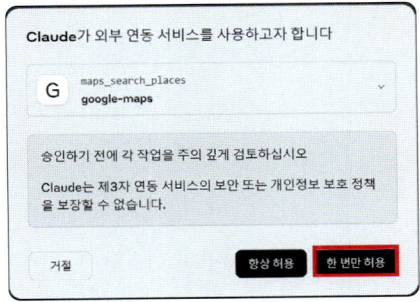

14. 또 다른 도구를 사용하겠다는 창이 뜹니다. 이 도구는 구체적인 항목을 검색할 때 사용하는 것으로 총 세 곳을 추천해 달라고 했기 때문에 창이 세 번 뜰 것입니다. 따라서 이번에는 **항상 허용**을 클릭합니다.

▼ **그림 9-39** '항상 허용' 클릭

15. 검색 결과는 다음과 같습니다. LLM을 사용했기 때문에 결과는 다르게 나타날 수 있습니다.

▼ 그림 9-40 도구 사용 결과

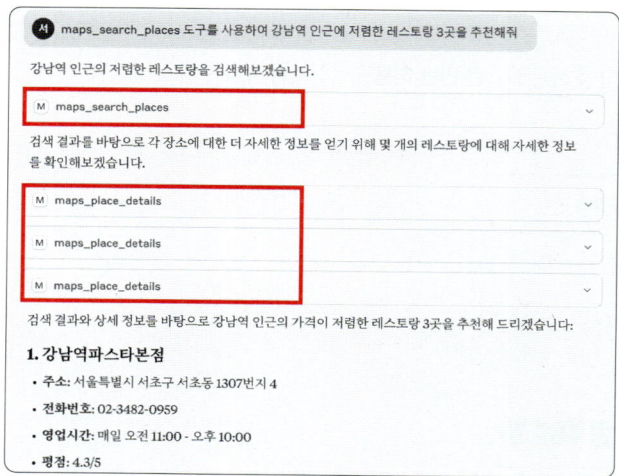

> **노트**
>
> **무료 버전에 대한 한도 초과 메시지**
>
> 클로드 실습을 진행하다 보면 '무료 메시지를 모두 사용했습니다'라는 메시지가 표시될 수 있습니다. 이 경우 요금제를 업그레이드하거나, 다음날 다시 시도해주세요.
>
> ▼ 그림 9-41 한도 초과 메시지
>
>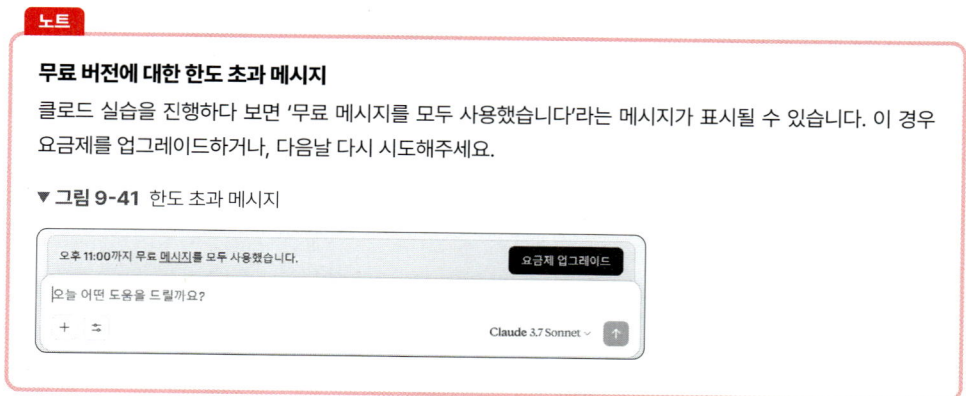

클로드 데스크톱에서 MCP를 연결하는 방법은 대부분 유사하니, 스미더리에 접속해 원하는 MCP 서버를 선택한 후 직접 연결해보세요.

9.2.3 정리

마지막으로 실습을 정리하며 꼭 짚고 넘어가야 할 부분이 있습니다.

커서나 클로드 데스크톱에서 실습을 진행하면서, 사용자의 질문에 정확히 맞는 도구가 사용된 경우는 얼마나 되었을까요?

MCP는 분명 외부 도구와 구조화된 방식으로 상호작용할 수 있는 표준 프로토콜입니다. 하지만 어떤 상황에서 어떤 도구를 사용할지 정확히 판단하는 것은 전혀 다른 문제입니다.

결국 앞으로의 과제는, 커서나 클로드 데스크톱과 같은 클라이언트가 사용자의 질문 의도를 정확히 이해하고, 그에 맞는 도구를 올바르게 선택하는 것이라고 할 수 있습니다.

찾아보기

ㄱ
구글 지도 075

ㄷ
도구 017
도구 정의 025

ㄹ
랭체인 054
러스트 050
리소스 046
리팩터링 098

ㅁ
마이크로서비스 아키텍처 036
명령줄 인터페이스 050
명령 프롬프트 042
문맥 040

ㅅ
서버-클라이언트 아키텍처 032
스미더리 039
스트리밍 044

ㅇ
아나콘다 154
앤트로픽 018, 037
엔드포인트 045
윈드서프 038

ㅈ
중간자 공격 058

ㅊ
채팅 창 116

ㅋ
클라이언트 032
클로드 054
클로드 데스크톱 037

ㅌ
탐색 창 116
터미널 창 116

ㅍ
파이썬 050
퍼플렉서티 054
편집기 창 116
프롬프트 046
플랫폼 039

ㅎ
환경 변수 110

A
add_prompt( ) 049
AI 어시스턴트 037

AI 에이전트 018
ainvoke() 159
Anthropic 037
asyncio 163

B

Brave Search 069

C

chromadb 179, 190
Claude 054
Claude Desktop 037
CLI 050
Client 032
ClientSession 163
Codebase Chat 114
Codebase Chat for code generation 114
Code editing 114
Code questions 114
context 040
Copilot++ 114
Ctrl+C 172

F

fastapi 155
FastAPI 053
FastMCP 149
Function Calling 018, 053

G

GitHub Copilot 114
GPT 038

J

json 163

L

langchain 141
LangChain 054
langchain-community 179
langchain-openai 141
LLM 017, 027

M

Man-In-The-Middle Attack 058
MCP 016
mcp.json 051
MITM 058
Model Context Protocol 016
Mount 160

N

New code generation 114
Node.js 084
npx 051

O

openai 141
openpyxl 190
OpenWeather 021

P

pandas 190
Perplexity 054
pip 050
POST 044
Prompt 046
pypdf 179
python-docx 190
python-dotenv 179, 203

R

RAG 116
requests 203
Resource 046
Route 160
Rust 050

S

Server-Sent Events 042
Smithery AI 039
SSE 042
stdin 042
Stdio 042
stdout 042
sys 163

T

Tab 127
tiktoken 179
tool 017
Tool Manifest 025
tool_use 018

U

uv 050
uvicorn 053, 155

V

venv 050
VS Code 038, 116

W

Windsurf 038

기호

.env 179
@mcp.prompt() 049
@mcp.resource() 048
@mcp.tool() 046